# Ein bärenstarker Geist

von Andrea Liebers

mit Illustrationen von Collins A. Mdachi

Sequoyah Verlag

Text © 2008 Andrea Liebers
Illustrationen © Collins A. Mdachi
© der deutschen Ausgabe:
Sequoyah Verlag Gutenstein
Edition Mandarava
**www.sequoyah-verlag.at**
A-2770 Gutenstein, Blättertal 9
Tel. +03-(0)2634-7417
info@sequoyah-verlag.at
Alle Rechte vorbehalten
1. Auflage 2008
ISBN: 978 3 85466-067 5
Druck: Holzhausen Wien
Satz und visuelle Gestaltung:
Elisabeth Frischengruber

„Du musst sitzen wie ein Berg.
Dem Boden fest und sicher angepasst,
die Ohren gespitzt,
das Haupt erhoben wie der
schneebedeckte Gipfel."

**Liebe Leser, liebe Eltern, liebe Erwachsene,**

Eltern wünschen sich für ihre Kinder, dass sie in einer Welt aufwachsen, in der Freundschaft, Ehrlichkeit, Hilfsbereitschaft zählen. Mit den Geschichten, die der alte weise Bär erzählt, können Kinder spielerisch und phantasievoll Werte kennen lernen, die heute in der Schule meistens immer weniger eine Rolle spielen, die aber für sie selbst und unsere Gesellschaft überlebenswichtig sind. Kinder empfinden unmittelbar, wie wohltuend es für alle ist, „Gutes" zu tun und „niemanden zu verletzen". Man mag diese einfachen ethischen Grundsätze gering schätzen oder belächeln – ihre universelle Gültigkeit verlieren sie jedoch nie. Sie sind und bleiben ein Bestandteil der menschlichen Kultur.

Inspiriert wurden die bärenstarken Geschichten von der sehr bodenständigen Philosophie des Buddhismus. Der Buddha lehrte als Grundlage seiner Lehre das Ausüben guter Taten. Dazu zählen Großzügigkeit, Geduld, Ethik, freudige Anstrengung, sich auf eine Sache konzentrieren können und Weisheit. Eingebettet sind diese guten Taten natürlich in eine Haltung des Mitgefühls. Damit Sie sich – als die erwachsenen Mitleser des Buches – einen Eindruck von der Lehre des Buddha verschaffen können, gibt es am linken und rechten Blattrand des Buches eine Art Mini-Einführung in den Buddhismus.

Hier finden Sie Antworten darauf, was zum Beispiel mit „Geist" gemeint ist, oder worum es beim Meditieren geht, was unter Karma zu verstehen ist, warum man im Buddhismus alles als untereinander zusammenhängend betrachtet, und vieles andere mehr.

Viel Spaß und Inspiration beim Lesen wünschen Ihnen

*Andrea Liebers*

*und das Team des Sequoyah-Verlages*

# Das kann doch einen Bären nicht erschüttern

Unter den Bären gibt es seit vielen Jahrhunderten ein Sprichwort, das vom Bärenältesten an die Bärenjüngsten weitergegeben wird: „Das kann doch einen Bären nicht erschüttern." So sagen Bären, wenn etwas passiert, was andere sofort aus der Fassung bringen würde: Die Nachricht zum Beispiel, dass Wölfe unterwegs sind, dass eine Hungersnot droht, dass es 100 Tage im Sommer schneien wird, dass die Bärenhöhle unter Wasser gesetzt wurde, oder dass ein Schwarm Bienen geradewegs auf die Nasen der Bärenfamilie zusteuert.

Warum die Bären durch eine solche Nachricht nicht erschüttert werden, liegt daran, dass sie einen starken Geist haben. Einen bärenstarken Geist bekommt man allerdings nicht durchs Nichtstun, man muss ihn trainieren.

Wer zum Beispiel anfängt zu heulen, nur weil er nicht an den Honigtopf herankommt, hat schon verloren. Wer vor Angst in die Hosen macht, weil es im Gebüsch raschelt, kommt auch nicht weit. Oder wer immer nur an sich selbst denkt, wird nie einen Freund finden. Jeder Bär und jede Bärin, die die Welt und das Leben wenigstens ein bisschen kennen gelernt haben, wissen: nur wer einen starken Geist hat und in schwierigen Situationen

---

Die Geschichten, die der Große Ark erzählt, orientieren sich an den so genannten **Sechs Paramitas**, das sind die Fähigkeiten, die von allen buddhistischen Schulen als das Fundament für ein gutes, zufriedenes und damit glückliches Leben angesehen werden. **Es sind dies Freigebigkeit, Disziplin, Geduld, freudige Anstrengung, Konzentration und Weisheit.**

Ohne **die Fähigkeit etwas herzuschenken, seien es materielle Dinge, Zuwendung, Zeit, Trost** werden wir immer nur ängstlich um unser kleines Ich besorgt sein, ohne Mut und Lebensschwung, ohne die Fähigkeit, Wärme und Kraft auszustrahlen. **Disziplin** ist notwendig, damit wir in der richtigen Spur bleiben, und das, was wir als richtig erkannt haben, weiterverfolgen. **Geduld** hilft uns in schwierigen Situationen, in denen wir normalerweise mit Frustriertheit oder Wut reagieren würden, die Kraft zu haben, sie auszuhalten und zu ertragen. Ohne **freudige Anstrengung und Begeisterung** bleiben wir auf halber Strecke liegen, denn es muss uns Spaß machen und Kraft geben, wenn wir versuchen, aus uns glückliche und heitere Menschen zu machen, was oft genug alle unsere Kräfte fordert. Faulheit oder Mutlosigkeit können wir mit Enthusiasmus vertreiben. **Konzentration** ist die Fähigkeit, die uns hilft, bei einer Sache zu bleiben, nicht abzuschweifen, uns nicht ablenken zu lassen. Wer sich sammeln kann, vermehrt innere Kraft und Stärke. Die letzte wichtige Eigenschaft ist die **Weisheit**. Zum einen müssen wir uns in der Welt auskennen, und wissen wie das Leben funktioniert. Zum anderen brauchen wir **Einsicht**, um was es wirklich geht, und die Fähigkeit Belangloses, Meinungen und Projektionen von der Wirklichkeit zu unterscheiden.

Da der Buddhismus keinen göttlichen Erlöser kennt, der uns kraft seiner Liebe aus allem Schlamassel befreit, hat der Einzelne eine viel stärkere Verantwortung für sein Wohl und Weh. Er muss **sein Leben selbst in die Hand nehmen**, allerdings gibt es einen „Fahrplan", in welche Richtung er sich anstrengen sollte: eben die **sechs Paramitas. Sie helfen eine innere Haltung aufzubauen und zu kultivieren, mit der es leichter wird, die Richtung zu Zufriedenheit und innerer Zuversicht und Stärke zu halten.**

einen klaren Kopf behält und das Herz am rechten Fleck hat, kann dieses Bärenleben bestehen.

Nicht nur bei den Bären ist dieses Wissen verbreitet, sondern bei allen Tierfamilien. Allerdings heißt es dort anders. Bei den Löwen zum Beispiel sagt man löwenstark, bei den Vögeln heißt es baumstarker Geist, der durch keinen Wind umzuwerfen ist, bei den Elefanten heißt es „ein Geist so stark wie ein Stoßzahn".

Vor vielen, vielen Jahren war es noch so, dass alle Tierfamilien sich jedes Jahr trafen. Nicht alle Tiere freilich, das wäre nicht möglich gewesen. Jede Tierfamilie schickte einen Abgesandten zu den Versammlungen. Die Tiere tauschten bei diesen Treffen ihre Erfahrungen aus, wie man am besten seinen Geist trainieren konnte, gaben Tipps und erzählten Geschichten.

Eben um diese Zeit, als es die Tierversammlungen noch gab, lebte in einem Bärenland ein Bär, der hieß Ark. Ark wie stark, so kann man sich das merken. Dieser Ark war es, der bisher jedes Jahr als Abgesandter der Bären zu den Versammlungen gegangen war. Er hatte einen wunderbar starken Geist und eine Liebe im Herzen, dass es einen umhaute. Wenn die anderen sich stritten, dann erhob er sich und fragte: „Warum streitet ihr?" Allein der Klang seiner Worte war so beruhigend, seine Ausstrahlung war so gelassen und mächtig zugleich, dass die Streitbären sofort aufhörten sich zu kratzen, zu beißen und zu würgen. Sie entschuldigten sich vielmehr und baten den großen Ark sie zu lehren, wie sie selbst ein Herz bekommen könnten, das so voller Liebe war wie seines.

Bei allen Tierfamilien war es so: Sie brauchten einen oder mehrere, die ihnen ein Vorbild waren. Von denen sie lernen konnten, wie es geht, einen starken Geist zu haben, der durch nichts so schnell aus der Ruhe zu bringen ist. Das war die wichtigste aller Erfahrungen, die in den Tierfamilien gemacht worden war.

# Der Große Ark

Der Große Ark also zog durch die Wälder und Steppen seiner Heimat, und viele Bären folgten ihm, weil sie von ihm lernen wollten. Wann immer sie auf ihren Wanderungen Rast machten und ein Lager aufschlugen, oder wenn sie sich im Winter in eine große Bärenhöhle zurückzogen, dann erzählte der Große Ark Geschichten. Na-

**Ohne einen stabilen Geist ist keine Entwicklung möglich**, schon gar keine spirituelle, sagt der Buddha. Deshalb muss man ihn trainieren, denn Möglichkeiten, aus der Ruhe gebracht zu werden, gibt es ständig: Das kommt daher, dass unser Leben im Fluss ist, dauernd der Veränderung unterworfen. Es gibt keinen Stillstand. Immer wieder kommen neue Faktoren dazu, die wir nicht vorausberechnen können, die eine momentan glückliche Situation zum Umkippen bringen und sie in eine leidvolle verwandeln können.

Dass wir uns nicht darauf ausruhen können, wenn wir uns momentan in einer mehr oder weniger glücklichen Situation befinden, eine gute Beziehung haben, einen Job, genug Geld auf der Bank, wissen wir eigentlich alle. Trotzdem sind wir nicht wirklich darauf eingestellt, wenn sich unsere Situation ändert. Vor allem, wenn sie sich zum Schlechteren ändert, können wir dies nur schwer verkraften oder akzeptieren. Misserfolge, Krankheiten und Trennungen werfen uns meistens aus der Bahn, und wir hadern mit unserem Schicksal, warum das ausgerechnet uns passieren musste.

**Würden wir mehr in uns ruhen, wäre unser Geist stabiler**, dann würden wir durch solche Ereignisse nicht so sehr erschüttert werden, sondern würden selbst unangenehme, frustrierende Veränderungen leichter als natürlichen Bestandteil des Lebens akzeptieren.

### Was ist überhaupt der „Geist"?

Der Geist, unser Geist, ist das Ganze in uns, das etwas erlebt, denkt und fühlt. Der Geist ist auch das, was die Welt mit den Augen sieht, den Ohren hört, den Händen tastet, mit der Zunge schmeckt. Das, was in uns zu uns selbst „Ich" sagt, ist der Geist. Was Wut bekommt, wenn uns etwas stinkt, was so traurig ist, dass wir weinen wollen. Unser Geist ist eine ziemlich große Sache. In ihm passiert jeden Tag, jede Stunde und jede Minute dauernd irgendetwas.

### Selbstversuch

Ihr könnt einmal einen Selbstversuch machen. Holt euch eine Eieruhr und stellt auf ihr drei Minuten ein. Dann setzt euch auf einen Stuhl oder im Schneidersitz auf den Bo-

türlich waren es die Geschichten, die er bei den Versammlungen der anderen Tiere gehört hatte. Denn alle Tiere, die einen starken Geist hatten und den anderen beibringen wollten, wie das geht, waren sich einig: Geschichten hören war die Art, wie alle Tiere am besten lernen konnten. Das war die zweitwichtigste Erfahrung aller Tierfamilien.

Irgendwann einmal aber merkte der Große Ark, dass er alt geworden war und nicht mehr lange zu leben hatte. Er würde jemanden finden müssen, der seine Nachfolge antreten könnte. Deshalb rief er alle zusammen.
„Bären!", sprach er. „Meine Zeit ist gekommen. Ich werde bald meinen Körper verlassen müssen."

Die Bären schauten sich betroffen an. Der Große Ark fuhr fort: „Doch bevor ich sterbe, will ich einen oder eine von euch bestimmen, der oder die für mich zu den jährlichen Versammlungen geht und der den anderen Vorbild sein kann."

„Wie soll das gehen?", fragten die Bären aufgeregt.

„Das werdet ihr schon sehen", brummte der Große Ark. „Außerdem will ich euch die besten Geschichten, die ich in meinen ganzen langen Leben gehört habe, weitererzählen, damit sie nicht vergessen werden, wenn ich nicht mehr lebe."

Die Bären sahen sich unruhig an. Dass der Große Ark bald nicht mehr unter ihnen sein sollte, konnten sie sich eigentlich gar nicht vorstellen.

„Die schönste Geschichte, die ich auf den Versammlungen jemals gehört habe, ist die von Emil Elefant und Tapi Tapini. Ein weißhaariger uralter Elefant, der von weither gereist kam, hat sie erzählt."

„Eine Geschichte von einem echten Elefanten?", fragte Urka und bewegte lustig ihre langen Bärenbart-Haare.

Der Große Ark nickte.

„Einen Elefanten haben wir aber noch nie gesehen!", beschwerte sich Atissa, eine junge, vorwitzige Bärin.

„Das macht doch nichts, ob wir schon einmal einen Elefanten gesehen haben oder nicht!", mischte sich nun Arkita ein. „Lasst doch den Großen Ark endlich erzählen!"

Der Große Ark brummte zufrieden und begann:

den und versucht einmal – diese drei Minuten lang – nichts zu tun. Nichts zu reden, nichts zu denken, nichts zu fühlen.

Das ist einfach, glaubt ihr?

Es ist unmöglich. Schon nach zwei Sekunden werdet ihr die ersten Gedanken in eurem Kopf haben, und dann in den nächsten vier Sekunden die ersten Gefühle. Das ist euer Geist, den ihr dadurch kennen lernt. Der Geist ist ständig auf Trab, er steht keine Sekunde still. Andauernd hat er etwas wahrzunehmen oder zu melden. Mal ist ihm langweilig, dann ist ihm kalt, dann hat er eine Idee, dann will er was essen, plötzlich hört er etwas, dann ist dies dann ist das. Selbst im Schlaf kann er nicht wirklich ruhig sein. Dann will er träumen und euch weiter vormachen, dass ständig etwas los ist. Obwohl ihr doch im Bett liegt und schläft, tut euer Geist so, als würden die größten Abenteuer passieren. Im Traum macht er euch vor, als würdet ihr laufen, singen, schreien, auf einem Fahrrad sitzen. So lange ihr träumt, glaubt ihr das sogar – so mächtig ist der Geist.

## Emil Elefant und das Waldreh Tapi Tapini

Emil Elefant streifte wie so oft durch den dichten Dschungel. Er liebte es, sich zwischen den Büschen und Schlingpflanzen hindurchzuzwängen. Das kratzte so schön auf der Haut! Herrlich! Mit den Stoßzähnen bahnte er sich Schritt für Schritt den Weg.

„Achtung, Achtung! Pass auf, wo du hintrittst, du Riesenelefant! Sonst trampelst du mich tot!", piepste es von wer weiß woher aus dem Gebüsch. Emil Elefant blieb wie angewurzelt stehen. Jemanden niedertrampeln und zertreten? Er? Niemals!

Suchend sah er sich um. Aber da das Gestrüpp und Gebüsch undurchdringlich dicht gewachsen war, konnte er nichts entdecken.

„Wer hat da Achtung gerufen?", fragte Emil und stellte seine großen Ohren auf, um genau zu hören, woher die Stimme kam. „Ich, großer Elefant, ich Tapi Tapini, das Waldreh!", wisperte das Stimmchen. Emil Elefant klappte unwillig mit den Ohren. Er hatte nicht herausbekommen, woher die Stimme kam.

„Und wo bist du im Moment, Tapi Tapini, wenn ich fragen darf?", brummte Emil und versuchte, mit dem Rüssel das Blätterdach wegzudrücken, um eine bessere Sicht zu haben.

„Ich befinde mich im Moment so gut wie genau vor deinem linken Fuß, und wenn du einen Schritt weitergehst, dann befinde ich mich darunter!", erklärte Tapi Tapini, das Waldreh.

„Warum springst du nicht auf und davon?", wollte Emil wissen.

„Ich kann nicht! Ich bin über einen morschen Ast gestürzt und habe mir das Bein gebrochen. Es tut so weh!" Emil klappte sich die Ohren zu, um nicht das herzerweichende Schluchzen mit anhören zu müssen. Nach einer Weile klappte er das eine Ohr wieder auf und lauschte. Stille.
Kein Schluchzen mehr zu hören. Nur die Töne des Urwald brandeten monoton auf und ab.
„Tapi Tapini! Lebst du noch?", fragte Emil ängstlich. Wenn er nur nicht einen solch massigen Körper hätte, dachte er. Nicht mal vor sein linkes Bein konnte er schauen, so groß war er.
„Kaum noch!", wisperte das Waldreh.

„Hast du denn jemand, der dir helfen kann?", fragte Emil Elefant jetzt mit aufrichtigem Interesse.
„Nein, niemand! Ich bin ganz allein!" Tapi Tapinis Stimmchen zitterte.

„Dann werde ich dir helfen!", brummte Emil. „Ein einsames Waldreh lasse ich nicht allein. Das geht über meine Elefantenehre."
„Oh, vielen Dank, Herr Elefant!" Die Stimme des Waldrehs klang schon kräftiger.
„Pass auf: Ich gehe jetzt ein paar Schritte zurück, damit ich dich zumindest mal sehen kann. Mit dem linken Bein zuerst!"
„Ist gut!" Tapi Tapini biss tapfer die Zähne zusammen. „Hoffentlich stolpert der riesige Elefant jetzt nicht!", hoffte sie inständig.

### Emils geheimes Waldversteck

Emil Elefant ging so vorsichtig wie noch niemals in seinem ganzen Leben einen Schritt nach hinten. Und dann noch einen und noch einen. Danach suchte er den Boden vor sich ab.
Tatsächlich!
Da lag vor ihm auf dem Boden ein winzig kleines Waldreh. So klein war es, dass er es fast übersehen hätte. „Tapi Tapini! Du bist aber klein!", rief der Elefant verwundert.
„Und du bist riesengroß!", antwortete Tapi vorwurfsvoll.

---

In allen Religionen ist **das Mitgefühl oder die Nächstenliebe** ein zentrales Thema. Es leuchtet unmittelbar ein, dass eine Gemeinschaft, in der sich die einzelnen umeinander kümmern und sich nicht im Stich lassen, friedlicher ist als eine, in der alle als Erstes an sich selbst denken und nach ihrem Vorteil handeln. Dass es aber nicht nur dem, dem geholfen wird, besser geht, sondern auch dem, der hilft, das ist im Buddhismus eine Erfahrung, auf die sehr viel Wert gelegt wird.

„Wahres Glücklichsein kommt daher, dass sich die eigenen Gedanken und Gefühle nicht ständig um einen selbst drehen", lehrte der Buddha. Das Tragische ist, dass wir alle am liebsten zufrieden und glücklich wären, aber in den Augen des Buddhas das Falsche dafür tun. Wir glauben, dass wir uns um unser Glück dadurch kümmern und es fördern, wenn wir uns um uns selbst kümmern – genau dabei kommt aber langfristig betrachtet für uns nicht Glück, sondern Frustration heraus. Solange man mit sich selbst beschäftigt ist, kreisen alle Ängste, Sorgen und Hoffnungen nur um unser kleines armes Ich, das wir als schutzbedürfig, mangelhaft und unattraktiv empfinden und das wir deshalb aufpäppeln und zum Glänzen bringen wollen.

### Freigiebigkeit

Doch wenn wir damit aufhören und entspannter werden, und uns womöglich sogar anderen, ihren Sorgen, ihrer Situation und ihren Bedürfnissen zuwenden, durchbrechen wir dieses Schema und lockern den Griff unseres Kreisens nur um uns selbst. Daher rührt auch **das gute Gefühl, das uns erfüllt, wenn wir anderen helfen.** Weil wir unseren emotionalen Radius erweitern, aus der Engheit und Begrenztheit unseres eigenen kleinen Ichs hinaustreten, weiter werden und spüren, dass wir mehr Raum zu bieten haben als nur die Fokussierung auf uns selbst.

Zudem bekommen wir hier ein Beispiel der Paramita „Freigiebigkeit" gezeigt. Emil schenkt der kleinen Tapi seine Aufmerksamkeit, Hilfe und Zeit, Schutz und Trost. Zeit, die er sonst mit seinen Freunden verbracht hätte, die ihn dafür, dass er nicht bei ihren Spielen mitmacht, durch Hänseleien ärgern. Doch Emil hat sich dafür entschieden, für Tapi

„Hör zu, hier kannst du nicht bleiben. Ich bringe dich in mein geheimes Waldversteck und passe so lange auf dich auf, bis du wieder gehen kannst!", sagte der Elefant. „Das willst du für mich tun?" Dankbar sah Tapi Tapini den großen Elefanten an. Vor Rührung wurde Emil sogar ein kleines bisschen rot. Vorsichtig schlang er seinen Rüssel um Tapi Tapinis Bauch und hob das kleine Waldreh hoch. Neugierig schaute Tapi sich um. Von so weit oben hatte sie den Dschungel noch nie gesehen. War das aufregend!

Rasch lief Emil in sein Geheimversteck in der Nähe eines kleinen Sees. Behutsam setzte er Tapi Tapini ab und säuberte die Wunde des kleinen Waldrehs. Mit schmerzstillenden Blättern umwickelte Emil das gebrochene Bein, so dass es wieder gerade zusammen wachsen konnte. „Nun ruh dich aus, kleines Reh!" Zärtlich fuhr Emil mit dem Rüssel der kleinen Tapi Tapini über den Kopf. „Damit du schnell wieder gesund wirst!" Emil holte sogar frisches weiches Gras, damit das

Waldreh es besonders gemütlich hatte. Und was er noch niemals irgend jemandem erlaubt hatte: Tapi Tapini durfte sich dort hinlegen, wo Emils Lieblingsplatz war.

Das kleine Waldreh rollte sich zusammen. Sicher und geborgen fühlte es sich unter der Obhut des Elefanten. Es schloss die Augen und war auch sofort eingeschlafen. „Ich muss auf die Kleine aufpassen!" Emil dachte an all die giftigen Schlangen, an die Skorpione und nicht zuletzt die Tiger und Panter, die der kleinen Tapi Tapini etwas zuleide tun könnten.

Emil schaute sich um. Da sah er seine fünf Elefantenfreunde kommen. „Müssen die ausgerechnet heute kommen!" Emil ließ bekümmert seine großen Ohren und den langen Rüssel hängen. Da standen sie schon vor ihm: „Hallo, Emil! Hast du Lust mit uns durch den Dschungel zu laufen?"
„Nein, ich bin heute zu müde!"
„Was? Zu müde? Was es nicht alles gibt!"

„Emil ist müde! Du bist ein Langweiler, Emil! Das hätten wir nicht von dir gedacht!" Sie ließen ihn stehen und setzten sich in Trab.

### Fünf Freunde?

Am nächsten Tag kamen sie wieder. Emil stellte sich schützend vor den Schlafplatz des kleinen Waldrehs. „Na, Emil, fühlst du dich heute besser?"
„Ja, danke der Nachfrage!", antwortete Emil.
„Wir wollen heute in das Wasserloch zum Plantschen. Kommst du mit?"
„Nein, danke!", antwortete Emil. „Ich habe keine Lust."

„Bist du etwa wasserscheu?" Skeptisch schauten die fünf ihn an. „Du bist ein Spielverderber, Emil!", riefen sie. „Emil ist wasserscheu! Emil ist wasserscheu! Tschüss, du Prinzessin auf der Erbse!"
Wütend sah Emil ihnen nach. Er und wasserscheu! Er war der wasserliebendste Elefant, den man sich nur vorstellen konnte! Für einen

Moment dachte Emil daran, ihnen nachzulaufen und sie im Wasserloch zu bespitzen, bis sie nicht mehr wüssten, wo Himmel und wo Erde ist. Aber als sein Blick auf das kleine schlafende Waldreh fiel, vergaß er den Gedanken schnell.

da zu sein – und beweist damit innere Stärke.

Wer gehänselt, ausgelacht oder aus der Gruppe ausgeschlossen wird, fühlt sich gedemütigt und gekränkt. Ein Zustand, den viele Kinder und Erwachsene kaum aushalten können und oft genug krank davon werden. Vielleicht hilft es manchmal, sich klar zu machen, dass oft Schwäche und Neid dahinter stecken, wenn sich andere zu einer Gruppe zusammenschließen und jemanden „fertig" machen.

Emil ist stark genug, das intuitiv zu erkennen und sich nicht von seiner inneren Haltung Tapi gegenüber abbringen zu lassen. Anderen, die nicht so stark sind, hilft es sicher, sich Hilfe zu suchen und mit anderen darüber zu reden. Wenn ihr mit Kindern zu tun habt, ermutigt sie, nicht zu schweigen, wenn ihnen so etwas passiert, sondern sich einem Erwachsenen anzuvertrauen. Nichts ist schlimmer für ein Kind, als gemobbt zu werden und damit alleingelassen zu sein.

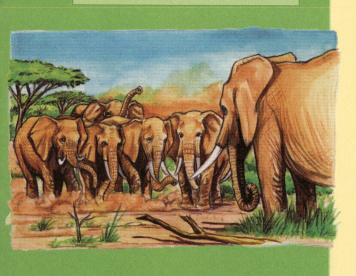

„Lieber als wasserscheu gelten als die Kleine alleine lassen!", sagte er sich und ging weiches Gras holen, damit Tapi Tapini, wenn sie aufwachte, etwas Gutes zu fressen hätte.

Tapi Tapinis Wunde schmerzte sehr. Die Heilung ging nicht so schnell voran, wie Emil gedacht hatte.

Nach ein paar Tagen tauchten die fünf Elefanten wieder auf.
„Na, Emil, ausgeschlafen?" Sie schauten ihn grinsend an.
„Hat unser Emil heute schon sein Schönheitsschläfchen hinter sich gebracht?", fragte der eine Elefant.
„Unser Emil sieht so müde aus, ich glaube nicht, dass er mit uns durch den Dschungel marschieren kann!", sagte ein anderer Elefant.
„Kommst du mit uns in den Urwald, Emil, oder traust du dich nicht?"
„Hast du vielleicht Angst?"
„Wir beschützen dich, keine Bange!"

Emil trat der Schweiß auf die Stirn. Am liebsten würde er sie anschreien oder verhauen. Aber das durfte er Tapi Tapini nicht zumuten. In dem Getümmel würde womöglich einer der Elefanten auf das kleine Waldreh treten.
„Lasst mich doch in Ruhe!", sagte Emil und wandte ihnen seinen breiten Rücken zu.

Emil ist ein Angsthase! Emil ist ein Angsthase!", sangen die fünf Elefanten fröhlich im Chor, während sie durch den Urwald brachen.
Unglücklich starrte Emil Tapi Tapini an. Wenn ihre Wunde nur schneller heilen würde!
„Tut mir leid, Emil!" Tapi Tapini sah traurig aus. „Ich bin an allem schuld!"
„Lass nur, Tapi. Die wissen es nicht besser!"
Es wurmte Emil schon, dass sie ihn einen Angsthasen genannt hatten. Das war das Schlimmste, was man zu einem großen starken Elefanten sagen konnte. Und Emil war ein großer starker Elefant. Doch im Moment kam es mehr auf innere Stärke an als auf äußere, das erkannte Emil plötzlich, als er Tapi ansah.

## Überraschung für die Elefantenfreunde

"Hoffentlich lassen sie uns jetzt eine Weile in Ruhe!", sagte Emil Elefant und wechselte Tapis Verband. Das sah immer noch ziemlich übel aus.

"Nach einigen Wochen war es endlich soweit: Tapi konnte wieder gehen. Emil und Tapi Tapini waren inzwischen die besten Freunde geworden. Das kleine Waldreh stolzierte gerade munter auf Emils Rücken herum, auf den er es mit seinem Rüssel gehoben hatte, als sie das laute Trompeten der fünf Elefantenfreunde hörten.
"Meine Güte, die kommen schon wieder!", stöhnte Emil.
"Soll ich schnell von deinem Rücken runterspringen?", fragte das kleine Waldreh unsicher.
"Damit du dir das andere Bein brichst?", fragte Emil zurück. "Nein, nein, du bleibst schön da oben. Die werden Augen machen!"

In schnellem Lauf durchbrachen die fünf Elefanten den Dschungel. Sie waren ziemlich ausgelassener Stimmung und machten einen Spaß nach dem anderen. Als sie Emil erreicht hatten und das kleine Waldreh auf seinem Rücken sahen, verschlug es ihnen die Sprache.
"Du, du, du hast da was auf dem Rücken, Emil", stotterte der erste Elefant.
"Ich, ich, ich glaube, es ist ein Wald-

„Genau! Mit meinem Rüssel kann ich es leicht von seinem Rücken wischen. Ich habe sowieso den längsten Rüssel von uns allen!", rühmte sich der dritte Elefant.
„Ja! Und dann jagen wir es durch den Wald, bis es nicht mehr kann!", schlug der erste Elefant vor.

„Kommt überhaupt nicht in Frage!", Emil ließ seine Riesenohren abstehen, so dass er ganz gefährlich aussah.
Verdutzt sahen die fünf ihn an. Was war denn mit ihm los? Sonst war Emil doch für jeden Spaß zu haben.
„Tapi Tapini ist meine neue Freundin, und wir beide gehen jetzt baden!" Emil drehte sich um und trabte mit Tapi Tapini auf dem Rücken zum Wasserloch.

„Die fünf schauten sich verblüfft an. „Ob er uns nicht mehr mag, nur weil wir Angsthase zu ihm gesagt haben?", meinte der vierte Elefant unsicher.
„Wir laufen zum Wasserloch und bitten ihn um Entschuldigung!", schlug ein anderer vor.

reh, das du da auf dem Rücken hast!", stotterte der zweite Elefant.
„Wie, wie ko-o-ommt das dahin?", fragte der dritte Elefant.
„Vielleicht i-i-st es vom Baum gefallen?", fragte der vierte Elefant und die vier anderen brachen in trompetendes Gelächter aus.
„Wir können dir gerne helfen, das lästige Tier von deinem Rücken runterzuholen!", schlug der fünfte Elefant vor.

Mit gesenkten Rüsseln und herunterhängenden Ohren machten sie sich langsam zum Wasserloch auf. Die Freundschaft mit Emil wollten sie sich auf keinen Fall verscherzen. Hoffentlich hatten sie es noch nicht zu weit getrieben.

Am Wasserloch angelangt, staunten die fünf nicht schlecht, als sie Emil fröhlich im Wasser stehen sahen. Das kleine Waldreh stand noch immer auf seinem Rücken. Emil bespritze es mit seinem Rüssel. Beiden schien das einen Riesenspaß zu machen, denn sie kicherten unaufhörlich.
Die fünf sahen neiderfüllt zu. So eine winzige Spielgefährtin hätten sie auch gern, mit der es so lustig sein konnte.

„Dürfen wir mitspielen?", fragten die fünf Elefanten kleinlaut. „Hm!" Emil überlegte. Tapi Tapini flüsterte ihm etwas in sein Riesenohr.
Prüfend schaute Emil Elefant seine fünf Freunde an. „Wenn ihr mir versprecht, gut aufzupassen, dass Tapi nichts passiert, dann dürft ihr mitspielen!"

Vorsichtig näherten sich die fünf dem Wasserloch. „Danke Emil!", sagten sie und fingen schüchtern an, sich gegenseitig voll zu spritzen. Nach und nach löste sich die Stimmung und von weither schon konnte man das fröhliche Lachen von sechs Elefanten hören und mitten unter ihnen das lustige Kichern des Waldrehs.

> Das Herz wird in vielen Kulturen als der Sitz des Gefühls der Liebe, Zuneigung und des Altruismus angesehen. Und da wir meistens im Kopf zu Hause sind und mit Gedanken, Vorstellungen und Fantasien beschäftigt, bleibt das Herz oft unbewohnt. **Wenn wir es uns zur Gewohnheit machen, Situationen immer auch mit dem Herzen zu „bedenken", werden sich überraschend einfach neue Perspektiven auftun.**

# Ein großes Herz

Als der Große Ark mit der Geschichte geendet hatte, herrschte eine Weile Stille. Einige der Bären wischten sich verstohlen Tränen aus den Augen. Es war wie mit allen Geschichten, die der Große Ark von den Versammlungen mitbrachte: Sie erreichten tief innen das Herz der Zuhörer und berührten sie.

„Emil Elefant ist wirklich über sich hinausgewachsen!", meinte Arkita, die Älteste der Schülerinnen des Großen Ark, voller Bewunderung. „Dass er es ausgehalten hat, als seine Freunde ihn Spielverderber, Angsthase und wasserscheu genannt haben, finde ich großartig!" Parko, einer der jüngeren Schüler des Großen Ark, war nachdenklich geworden. „Es hat auch gar nichts ausgemacht, dass wir nicht wirklich wissen, wie ein Elefant aussieht. Was für ein gutes großes Herz er hatte, haben wir gespürt, obwohl wir ja Bären sind", meinte Atissa und streckte ihre Beine. „Und wie rührend er sich um die Kleine gekümmert hat!" Urka zückte ihr Taschentuch und schnäuzte sich.

„Und nun noch eine Frage, bevor ich euch eine weitere Geschichte erzähle." Der Große Ark straffte seinen Rücken. „Wer mein Nachfolger wird, muss schließlich auch wissen, was man anhand der Geschichten lernen kann."

Die Bären brummten und Arkita stimmte ein Lied an: „Das kann doch einen Bären nicht erschüttern", sang sie leise. Doch als ein strafender Blick des Großen Ark sie traf, verstummte sie sofort. Der alte Bär war heute aber wirklich streng zu ihnen. „Was also lernen wir von Emil Elefant?"

Die Bären sahen sich nervös an. Jetzt hieß es alle Denkkräfte auf einen Punkt bringen. Sie wollten die nächste Geschichte hören und dazu brauchte der Große Ark die Antwort auf diese Frage.
Nach einiger Zeit des Schweigens und Denkens streckte Atissa ihre Tatze in die Höhe.
„Ja, Atissa! Hast du die Lösung?", fragte der Große Ark und sah sie gespannt an.
Atissa nickte zögerlich. „Ich glaube schon", sagte sie. „Emil Elefant hat uns gezeigt, wie wichtig es ist, den Schwachen zu helfen. Gute Taten machen uns stark und bewirken, dass wir unerschütterlich werden. Emils Freunde haben versucht, ihn davon abzubringen, etwas Gutes zu tun. Doch er war stark und ist bei Tapi Tapini geblieben und hat sie beschützt."
„Das ist eine hervorragende Antwort!" Der Große Ark ging auf Atissa zu und tätschelte ihr den Rücken. „Und was, meine lieben Bären, sind gute Taten, die den Geist stark machen?"
Urka platzte heraus. „Etwas herschenken statt geizig sein zum Beispiel. Für andere da sein."
„Wunderbar! Sehr gut!" Der Große Ark schmatzte zufrieden. „Als Belohnung für eure guten Antworten will ich euch die nächste Geschichte erzählen. Die habe ich gehört, als ich selbst noch jung war. Doch ich habe sie mir all die Jahre im Gedächtnis bewahrt."
„Ist Emil Elefant wieder dabei?", wollte Urka wissen.
Der Große Ark schüttelte den Kopf. „Diesmal spielt die Geschichte bei den Pferden."
Die Bärenschüler spitzten neugierig die Ohren. Sie setzten sich bequem auf den Boden und warteten darauf, dass der Große Ark zu erzählen begann.

# Tanika und die Apfelblüten

Tanika, das kleine Pferdemädchen, sprang übermütig auf der Weide herum. Zum ersten Mal in ihrem Leben roch sie den Frühling, der über das Land zog. Das grüne Gras war noch feucht vom Morgentau und frisch aufgeworfene Maulwurfshügel erhoben sich auf der Wiese.

Tanika beschnupperte alles ganz genau. Ihre weichen rosaroten Nüstern blähten sich. Aufgeregt wieherte sie und lief in staksigen Schritten ihrer Mutter entgegen.
„Das ist der Frühling, mein Kind!", erklärte die Mutter und lächelte, als sie die ausgelassenen Sprünge ihrer Tochter sah.

„Was ist denn das?", fragte Tanika und umrundete einen großen, alten Baum, der mitten auf der Pferdekoppel stand.
„Das ist ein Apfelbaum", antwortete die Mutter. „Im Herbst hängen daran wunderbare, süße, rotbackige Äpfel. Die werden dir schmecken, Tanika! Aber bis dahin dauert es noch eine Weile."

Tanika schnüffelte am Stamm. „Was würden wohl Äpfel sein?",

überlegte sie. Süß und rund würden Äpfel sein, hatte ihre Mutter gesagt. Tanika legte den Kopf schief und betrachtete den Baum, der ganz kahl war. Sie konnte nichts Rotes oder Rundes an dem Baum entdecken.

„Nach ein paar Wochen war die Wiese mit herrlichen knallgelben Blumen bedeckt, kreisrund waren ihre Blüten. Sie schienen der Sonne geradewegs entgegenzulachen. „Das ist Huflattich", erklärte die Mutter, „die Vorboten des Frühlings!" Tanika beschnupperte die Blumen. „Hatschi!" Da musste sie aber niesen, so sehr kitzelte es in ihrer Nase.

### Geduld

In der Geschichte muss Tanika Geduld lernen. Um Schwierigkeiten auszuhalten und als natürlichen Prozess des Lebens, als Zusammenspiel immer neuer widrige oder schöne Erfahrungen erleben zu lernen, dafür braucht man Geduld. Die Fähigkeit, Glück und Leid gleichermaßen sozusagen gleichmütig auszuhalten, ohne vor Freude gleich auszuflippen oder vor Ärger auszurasten.

Im Buddhismus wird **Geduld** als hervorragendes Mittel angesehen, mit Situationen, in denen Wut und Aggressionen im Spiel sind, besser umzugehen. Ihnen cool standzuhalten und sie vorbeiziehen zu lassen, anstatt die negativen Gefühle blindwütig auszuagieren.

Nichts wird so heiß gegessen wie es gekocht wird, diesen Rat gibt uns der Volksmund. Lassen wir uns unbedacht, impulsiv zu einer Reaktion hinreißen, zerschlagen wir oft mehr Porzellan als uns die Sache im Nachhinein betrachtet überhaupt wert war.

Tief durchatmen, nicht reagieren, den Druck der Kränkung aushalten, die Spannung ertragen, alles nicht tierisch ernst nehmen, das lehrt uns die Kunst der Geduld.

Abwarten können, sich und einer Sache Zeit lassen gehört auch zu dieser Kunst. Etwas nicht sofort bekommen wollen, eine Situation, eine Idee, eine Freundschaft sich entwickeln lassen, nicht gleich steuern, eingreifen und manipulieren. Gut Ding will Weile haben: auch der Volksmund weiß diese Fähigkeit zu schätzen. Als Ergebnis befriedigt Qualität meistens mehr als Quantität. Wer geduldig sein kann, entwickelt auch ein Gespür für das Wertvolle, und sammelt Erfahrungen, auf die er sich im Leben verlassen kann. Vor allem aber vertieft sich die Fähigkeit, unter Druck gelassen zu bleiben.

Argwöhnisch umkreiste sie den Apfelbaum und beäugte jeden Ast. Alles war unverändert. Bis jetzt war da noch nichts zu sehen, was auch nur annähernd rund und rot war.

„Kleine Tanika!", rief die Mutter und trabte herbei. „Was suchst du denn auf dem Baum?" „Äpfel!", antwortete Tanika prompt. „So schnell geht das doch nicht!", die Mutter schüttelte ihre lange helle Mähne. „Da musst du bis zum Herbst warten, das dauert noch. Beobachte, wie sie wachsen, mein Mädchen, das ist doch auch schön!" Genüsslich zupfte die Mutter das frische Gras vom Boden und kaute es. Tanika tat es ihr nach. „Ob Äpfel wohl so gut wie frisches Gras schmecken?", überlegte sie und trottete langsam hinter ihrer Mutter her.

## Apfelknospen

Wieder vergingen ein paar Wochen. Als Tanika eines Morgens aus dem Stall kam und im schnellen Galopp über die Weide tobte, blieb sie plötzlich stehen. Da hatte sich doch etwas verändert im Apfelbaum! Kleine Hügelchen hatten sich auf den Ästen gebildet. Sie waren zwar noch nicht rot und auch nicht rund, aber zumindest war der Baum nicht mehr ganz kahl.

Ab jetzt rannte Tanika jeden Tag zuerst zum Apfelbaum und prüfte, was geschehen war. In der letzten Zeit hatten sich die kleinen Hügelchen von den Ästen abgehoben und winzig kleine Stiele gebildet. „Das müssen die Äpfel sein!", jubelte Tanika und tanzte auf der Koppel herum. „Ob ich schon mal ein Äpfelchen probiere?", fragte sie sich. Das Wasser lief ihr im Mund zusammen. „Sollte ich meine Mutter um Erlaubnis fragen?" Tanika drehte sich nach ihr um. Die war aber gerade mit anderen Pferden in ein Gespräch vertieft.
„Ach was! Immer fragen!" Tanika schüttelte den Kopf. „Ich probiere jetzt diese kleinen Äpfelchen!" Sie stellte sich unter den Baum und

reckte den Hals. Die Äste waren aber zu weit von ihrem Mäulchen entfernt, so dass Tanika sich am Stamm mit den Vorderbeinen abstützen musste. Sie stand jetzt auf den Hinterbeinen, die Vorderbeine am Stamm und streckte ihren Hals so weit sie konnte nach oben. Endlich erreichte sie mit der Zunge ein paar von den kleinen, noch geschlossenen Blüten. Geschickt riss sie einige davon ab und nahm sie in den Mund. Vorsichtig stellte sie sich wieder auf ihre vier Beine und schmeckte das, was sie vom Baum geholt hatte.

„Ihh, ist das bitter!" Tanika spuckte die Apfelknospen aus und hustete erbärmlich. Ihre Mutter, die das hörte, kam herbeigetrabt. „Tanika-Schatz, was hast du denn gefressen? Du bist ja ganz grün im Gesicht!", erkundigte sich die Mutter besorgt.

„Äpfelchen!" antwortete ihre Tochter, „aber süß sind die nicht!"

„Kleine Tanika, das sind doch auch noch keine Äpfel, das sind nicht einmal die Blüten. Tanika, das sind

Knospen! Aus denen werden erst im Laufe des Sommers Äpfel. Du musst ihnen Zeit lassen, damit sie in Ruhe wachsen können!" Lachend lief Mutter Pferd wieder zurück zu den anderen.

Beleidigt starrte Tanika die Apfelknospen an, als ob sie persönlich dafür verantwortlich wären, noch keine Äpfel zu sein.

---

**Von der Knospe zur Frucht – alles hängt miteinander zusammen**

Wenn wir einen längerfristigen Prozess beobachten, erkennen wir ein Prinzip, das im Buddhismus mit dem Wort „**Karma**" beschrieben wird. Karma heißt übersetzt eigentlich „Handlung", und es bedeutet, dass jeder Handlung Handlungsim-

blättern. "Bin ich gespannt, wann hier die roten Kugeln hängen!", dachte Tanika und legte sich unter den Baum. Immer wieder schaute sie hoch. Doch statt einer Verwandlung von Blüten in Äpfel erlebte sie, wie Bienen und Hummeln den Baum besuchten. "He, ihr da! Haut ab! Das sind meine Äpfel!" Tanika wieherte laut und schlug mit ihrem Schweif hin und her.

Mutter Pferd hatte das aufgeregte Gebaren ihrer Tochter von weitem gesehen und kam herbeigelaufen. "Tanika!", rief sie streng. "Was tust du denn da?"
"Ich versuche diese Bienen und Hummeln zu vertreiben, die wollen mir meine Äpfel wegnehmen!" Wütend starrte Tanika die Tierchen an, die von Blüte zu Blüte summten.
"Aber Tanika! Du kannst froh sein, dass die Bienen und Hummeln hierher kommen!", schalt die Mutter. "Ohne sie würdest du gar keine

### Apfelblüten

Ein paar Tage vergingen, und die Blüten öffneten sich. "Sind die schön!" Tanika stand unter dem Baum und schaute verträumt nach oben. Der ganze Baum war übersät von weiß-rötlichen zarten Blüten-

pulse vorausgehen, dass jedes Tun Ursachen hat. Natürlich hängt die Wirkung von der Ursache ab. Erst wenn lange genug die Sonne auf die Äpfel geschienen hat, sind sie reif geworden. Es musste ausreichend regnen, damit die Früchte

Äpfel bekommen. Die Bienen und Hummeln bestäuben die Blüten, so dass sich später daraus richtige Äpfel entwickeln können!"
„Du meinst, die da sind wichtig!" Angewidert deutete Tanika mit der Nasenspitze auf das Bienen- und Hummelvolk.
„Allerdings!" Tanikas Mutter schüttelte den Kopf und ließ ihre Tochter unter dem Baum alleine.

Ach, wenn doch nur schon Äpfel am Baum hingen!" Tanika betrachtete vorwurfsvoll den Baum. So gerne würde sie in die Blüten beißen, um zu wissen, ob sie schon süß schmeckten. Aber ihre Mutter hatte gesagt, dass es noch keine Äpfel sind…

## Äpfel?

Nach und nach fielen die Blütenblätter ab und wurden von lauen Sommerwinden in alle Himmels-Richtungen getragen. Blätter wuchsen und der Baum hatte sein Aussehen stark verändert. Statt des weiß-rosa Blütenkleides trug er jetzt ein grünes Blätterkleid. Tanika schaute jeden Tag nach, ob endlich Äpfel zu sehen waren.

Eines Tages sah sie, dass sich dort, wo die Blüten gewesen waren, kleine grüne Kugeln bildeten, die auf festen Stängeln an den Ästen festsaßen.

Mama, Mama!", rief Tanika laut. „Schau mal, schau mal!" Aufgeregt deutete sie auf die kleinen, grünen Rundungen. „Sind das Äpfel?" Mutter Pferd nickte. „Daraus werden große, runde, rotbackige Äpfel, mein Kind! Die Sonne muss noch viele Tage scheinen, damit der Apfel rot werden kann und es muss regnen, damit er wachsen kann."
„Wie lange dauert es denn noch?", fragte Tanika ungeduldig.
„Noch bestimmt hundert Tage!", gab Mutter Pferd zur Antwort.
„Was!" Bestürzung stand in Tanikas Gesicht geschrieben, „noch so lange!"

Unruhig rannte sie die Weide auf und ab. „Noch hundert Tage!",

wachsen konnten, die Blüten mussten von Bienen bestäubt werden, damit die Knospen sich überhaupt zur Frucht ausbilden konnten. Dieses Ursache- und Wirkungsgefüge ist überall zu finden, und wird im Buddhismus mit großer Aufmerksamkeit betrachtet und beobachtet. Denn weil ein Ergebnis Ursachen hat, kann ich seine Qualität beeinflussen, dadurch dass ich die Ursachen bewusster setze. Bin ich freundlich, wird die Person, mit der ich zu tun habe, mir gegenüber eher wohlwollend sein. Bin ich grimmig und abweisend, wird die Reaktion auf mich sicher eher zurückhaltend und abwartend sein. „Wie man in den Wald hineinschreit, so hallt es zurück", dieses Sprichwort beschreibt anschaulich den Zusammenhang von Karma, also Ursache und Wirkung, Impulse und Handlungen.

Die Ursachen in die Welt zu setzen haben wir oft genug selbst in der Hand. Das ist die Eigenverantwortung, zu der uns die Lehre des Buddha anhält. **Wir selbst sind die Schöpfer unserer Lebensumstände, unseres Glücks oder Unglücks.**

**Nicht-egoistisches Denken und Verhalten ist die Ursache für späteres Glück**, wer nur an seinen eigenen Vorteil und sein eigenes Wohlergehen denkt, verengt seinen Blickwinkel enorm und bereitet den Boden für zukünftiges Alleinsein, Unglücklichsein und Frustrationen.

hämmerte es in ihrem Kopf, „noch hundert Tage!"

Tränen des Zorns standen Tanika in den Augen, als sie ihre Mutter anschrie: „Warum dauert das so lange? Ich finde das gemein!"
„Tanika! Das ist doch nicht gemein. Das ist der Lauf der Dinge. Denk doch mal darüber nach, was alles geschehen muss, um einen wundervollen Apfel aus einer Blüte zu machen: Sie braucht Bienen, um bestäubt zu werden, dann Sonne, Licht, Regen, gute Erde. Schau dich doch mal selber an. Bist du schon so groß wie ich?"

„Nein!" Trotzig sah Tanika an sich herunter. Sie war ziemlich klein im Vergleich zu ihrer Mutter.
„Na, siehst du. Es braucht also einige Zeit, bis du ein ausgewachsenes Pferd bist. Und genauso braucht der Apfel Zeit, bis er groß, rund und rot ist!"

Irgendwie leuchtete das Tanika ein. Sie kam zwar immer noch jeden Tag, um nach den Äpfeln zu schauen, aber jetzt hatte sie eine andere Einstellung. Oft murmelte sie den kleinen Äpfeln etwas zu: „Lasst euch nur Zeit, ihr kleinen Äpfel, ihr braucht euch wegen mir nicht zu beeilen!" Und je-

des Mal, wenn Tanika das gesagt hatte, kam es ihr vor, als würden die kleinen grünen Äpfelchen sie dankbar anlächeln.

Schließlich war der Herbst gekommen. Die Blätter begannen sich zu verfärben, das Gras wurde an manchen Stellen bräunlich, und kühle Winde wehten über die Weide. Die Äpfel waren rund, rot und groß geworden. Sie hingen am Baum wie ein einziger Sonnenkuss.

"Jetzt ist es an der Zeit, die Äpfel zu ernten!", sagte Mutter Pferd. "Komm, wir holen uns einen!" Sie reckte den Hals und holte zwei wunderschöne Äpfel vom Baum. Vorsichtig reichte sie Tanika einen davon. Als Tanika hineinbiss, überflutete sie ein Gefühl von Wärme, Sonne und Sommer, so süß war der Apfel. Doch er war auch saftig, so dass Tanika plötzlich an das frische grüne Gras des Frühlings denken musste. Der Apfel schmeckte einfach wundervoll!

Dankbar sah sie den Baum an. Jetzt verstand sie, warum es so viel Zeit brauchte, bis ein solcher vollendeter Apfel entstehen konnte.

# Abwarten und sitzen

Mund und spürten das weiche Fruchtfleisch.

Parko erhob sich. „Ich hole uns ein paar Äpfel. Ich brauche sofort einen echten Apfel im Maul." Er leckte sich mit seiner großen Bärenzunge über die Lippen.

„Ich komme mit!", brummte Parkito, einer der jüngeren Bären, und erhob sich ebenfalls eilig.

„Moment mal!" Der Große Ark stellte sich auf die Hinterbeine. „Das ist jetzt eine besonders gute Gelegenheit für eine Übung. Setzt euch alle in der Honigtopfhaltung hin und schaut in euren Bärengeist." Die Bären murrten. Darauf hatten sie jetzt überhaupt keine Lust. Einen saftigen Apfel zum Fressen, das war es, wonach ihnen der Sinn stand. Sich in der Honigtopfhaltung hinzusetzen war das Letzte, was ihnen im Augenblick eingefallen wäre. Doch da der Große Ark ihr Lehrer war, wollten sie ihm nicht widersprechen. Widerwillig setzten sie

Den Bären war beim Zuhören das Wasser im Mund zusammengelaufen. Und als der Große Ark am Ende den Biss in den Apfel beschrieben hatte, da war es ihnen, als hätten sie selbst hineingebissen. Sie fühlten die saftige Süße in ihrem

sich auf ihre Bärenhintern, überkreuzten die Hinterbeine und legten die Vordertatzen vor dem Bärenherz zusammen. Der Große Ark ließ sie fünf volle Minuten so sitzen. Dann fragte er: „Wer kann mir beschreiben, was in seinem Geist los war?"

„Ich habe die ganze Zeit nur daran gedacht, dass ich jetzt aufstehe und uns saftige Äpfel hole. Ich habe es kaum ausgehalten!", antwortete Parko und war schon dabei sich zu erheben. „Darf ich jetzt gehen?"
Der Große Ark schwieg.
Arkita antwortete für alle. „Wir hatten bestimmt alle nur Äpfel im Kopf. Wenn ich mir ansehe, wie uns Bären das Wasser aus dem Maul tropft, dann kann das nur diesen einen Grund haben."
Der Große Ark schwieg immer noch.
„Also ich brauche sofort einen Apfel!" Parko setzte sich in Trab.
„Stopp!", rief der Große Ark und Parko hielt mitten im Lauf inne und starrte verblüfft seinen alten Lehrer an.

„Genau das, meine Bären, ist es, was Tanika lernen musste. Geduld haben, abwarten können. Obwohl man unbedingt etwas will und meint, ohne es nicht weiterleben zu können, zu lernen, sich diesem Wunsch zu widersetzen."

Aber was soll denn schlecht sein an dem Wunsch, saftige Äpfel fressen zu wollen?", empörte sich jetzt Parko, der das ganze Theater nicht verstand.
„An den Äpfeln an und für sich ist nichts Schlechtes. Um das geht es jetzt aber nicht!", antwortete der Große Ark mit ruhiger Stimme.
„Der Große Ark will uns nur zeigen, wie stark Wünsche sein können. Wenn man seinen Geist trainieren will, ist das eine prima Gelegenheit. Obwohl man es sofort haben will, muss man warten", meinte nun Arkita nachdenklich.

Stimmt haargenau", brummte der Große Ark. „Unerschütterlich sind wir nur dann, wenn wir Geduld haben können."
„Wir sollten auch keinen anderen

### Sitzen in der Honigtopfhaltung

Die Bären setzen sich in der Honigtopfhaltung hin, um ihren Geist gezielter zu trainieren. Für uns Menschen ist es am besten, wenn man sich in eine seit sehr langen Zeiten erprobte Menschen-Meditationshaltung setzt. Die geht so:

Man setzt sich auf einem kleinen, nicht sehr hohen Kissen auf den Boden und kreuzt die Beine im Schneidersitz. Den Rücken hält man schön gerade, nicht stocksteif und nicht krumm. Entspannt aufrecht, so dass man ohne Probleme atmen kann.

Die Hände legt man wie zwei offene Schalen im Schoß übereinander, die linke unter die rechte. Die Daumen berühren sich und bilden ein Dreieck, dessen Spitze (die Daumen) nach oben zeigt. Man kann die Hände aber auch entspannt auf die Oberschenkel legen. Den Kopf hält man leicht nach vorne gesenkt und den Blick so ungefähr ein bis zwei Schritte vor sich auf den Boden gerichtet. Man schaut da aber eigentlich nichts an, man entspannt die Augen eher. Wer das nicht kann, kann die Augen auch schließen. Die

Schultern zieht man nicht nach oben, sondern hält sie schön entspannt und gerade.

**So ist die Haltung, in der man meditiert.** Natürlich zappelt man jetzt nicht und versucht sich auch nicht mehr übermäßig zu bewegen, so lange man meditiert. Zwei Minuten oder drei, oder auch mal vier oder sogar zehn.

**Und an was soll man denken, während man meditiert?**

An nichts Bestimmtes. Da das ganz schwer ist, erlaubt man sich, doch an etwas zu denken. Zum Beispiel an seinen Atem. Den darf man zählen. Man spürt, wie die Atemluft in die Nasenspitze kommt und zählt eins, wenn man einatmet, und zwei, wenn man das nächste Mal die Atemluft in die Nasenspitze kommen spürt. So zählt man, wenn man ein Kind ist, weiter bis 7. Als Erwachsener bis 21. Wenn man vergisst, wo man war, fängt man wieder von vorne an. Und dann macht man das Gleiche wieder von vorne. Das dient der Beruhigung der herumsausenden Gedanken, Erinnerungen, Pläne. Die denkt man, so lange man meditiert, nicht „weiter", sondern

Bär schlagen, weil er einen Apfel hat, und wir keinen haben?", fragte Urka.
„Richtig!" Der Große Ark schmatzte. Das bedeutete, dass er ein bisschen zufrieden war.

„Oder auch trainieren, dass man vielleicht nicht mehr an Äpfel denkt, obwohl man unbedingt welche haben will?" Atissa kam diese Idee gerade eben erst.

„Das wäre natürlich noch besser. Aber das ist auch sehr schwierig. Das kann erst ein Bär oder eine Bärin, die im Training schon fortgeschritten ist", antwortete der Große Ark und betrachtete seine Bärenschüler, die alle aussahen, als hätten sie etwas verstanden. „Sehr gut, sehr gut!", der Große Ark schmatzte. „Ich glaube, euch ist jetzt klar, was mit Geduld gemeint ist, oder?" Der Große Ark sah fragend in die Bärenrunde.

„Auch wenn es für mich jetzt wahnsinnig schwer ist, nicht loszurennen und uns Äpfel zu holen, genau das nicht zu tun. Das ist Geduld. Aushalten können zu warten?" Parkitos Nase zitterte. Das tat sie immer, wenn Parkito dabei war, etwas zu

verstehen. Richtig, richtig, richtig!", sagte der Große Ark sehr zufrieden. „Und jetzt, Parko, nachdem du das verstanden hast, kannst du gehen, um uns Äpfel zu holen."

Parko schlug vor Freude darüber, dass er es verstanden hatte, einen Purzelbaum und trollte sich davon. Kurze Zeit später kam er mit einem großen Korb voller runder, roter Äpfel zurück.

Die Bären ließen sich die Äpfel schmecken, dass der Saft nur so spritzte. Nach einer Weile fragte Arkita: „Kannst du uns die nächste Geschichte erzählen?"
Der Große Ark kratzte sich am Kopf. „Bären, aufgepasst!", rief er übermütig. „Jetzt wird eure alte Bärenwelt erschüttert!"

Die Bärenbande zuckte zusammen. Es lag etwas in der Luft, das spürten sie deutlich.
„Ich werde euch jetzt eine Geschichte erzählen, die eine Lieblingsgeschichte der Nachtvögel ist. Wir haben sie auf unserer Versammlung

vor vielen Jahre von einer sehr alten Eule erzählt bekommen. Sie war damals bestimmt so alt wie ich, wenn nicht noch viel älter." Der Große Ark dachte nach und sprach erst einmal nicht weiter.

„Kommt jetzt endlich die Geschichte?", drängelte Atissa.
„Immer mit der Ruhe. Ich muss mich sammeln", brummte der Große Ark.

lässt sie auslaufen. Man unterdrückt sie nicht, sondern geht einfach nicht weiter auf sie ein. Damit das leichter gelingt, dafür hält man sich sozusagen an dem Zählen des Atems fest.

### Disziplin

In dieser Geschichte geht es um ein weiteres Paramita, die **Disziplin:** darum, sich für das zu entscheiden, was man als wichtig und richtig erkannt hat, und es auch zu tun. Diese Fähigkeit erfordert als Erstes Einsicht. Etwas tun, nur weil man es tun soll – und wenn es eine gute Tat ist – bringt noch nicht viel. Dazu kann man sich dressieren, oder man kann es tun, um anderen zu gefallen, um Eindruck zu schinden oder um als guter Mensch dazustehen. Viel wichtiger ist, dass man eingesehen oder gefühlt hat, warum man sich dafür entscheidet.

Diese Entscheidung zu kultivieren, zu üben und weiter zu trainieren, das braucht Disziplin. Sich immer wieder dafür entscheiden, was man für richtig erkannt hat, auch wenn es manchmal schwer fällt.

# Maximilian Eule und Jako Rotkehlchen

Der tief verschneite Wald schien zu schlafen, obwohl die Sonne hoch am Himmel stand. Kaum ein Laut war zu hören. Die Sonnenstrahlen ließen die Eiskristalle um die Wette blitzen. Ab und zu fiel eine Ladung Schnee von den Tannenzweigen auf den Boden. Viele Tiere hielten Winterschlaf oder sie waren im Herbst weggezogen in die wärmeren Länder des Südens.

Ein Mensch hatte für die Rehe und Hirsche eine Krippe aufgestellt, in die er jeden Morgen frisches Heu legte. In der Dämmerung kamen die Tiere des Waldes, um sich satt zu essen. Tagsüber schliefen sie in ihren warmen Verstecken. Wenn man ihre Spuren, die sie im Schnee hinterließen, verfolgen würde, könnte man sie leicht finden.

Ganz in der Nähe der Futterkrippe lebte auch eine Rotkehlchenfamilie. Da der Mensch jede Woche einige Vogelfutterkugeln an die Bäume hängte, hatten die Vögel genug zu essen und mussten keinen Hunger leiden. Die Rotkehlchen hatten sich müde in die Wipfel ihrer Lieblingstanne zurückgezogen und schliefen.
Sie waren nämlich müde von ihrem Lieblingsspiel: „Wer hat das schönste Gefieder", das sie zur Zeit nachts beim Mondschein spielten.

Bis vor kurzem hatten sie das Spiel nur tagsüber gespielt. Sobald die Sonne am Himmel stand und erste Strahlen zur Erde schickte, war die Rotkehlchenfamilie schon beim „Schönheitswettbewerb" — so nannte es Mutter Rotkehlchen. Aber das war ihnen langweilig geworden, weil bei Sonnenlicht fast immer Minka, die jüngste der Rotkehlchenfamilie, gewann. Vor allem jetzt im Winter war sie diejenige, die sich einzelne Schneeflocken so in die Federn stecken konnte, dass es einige Zeit dauerte, bis sie geschmolzen waren. Wenn es ihr dann gelang, Sonnenstrahlen zu erhaschen, die auf die Schneeflocken fielen, hatte sie schon gewonnen. Denn es blitzte und glitzerte dann auf ihrem Gefieder wie Juwelen auf einer Krone.

Ihr Bruder Jako hatte herausgefunden, dass ihr das im Mondlicht nicht so leicht gelang. Da Jako bei den Schönheitswettbewerben immer nur ganz knapp hinter Minka lag, hatte er jetzt gute Chancen zu gewinnen. Und so war es auch! Kaum hatten sie in der Nacht Wettfunkeln gespielt, sah die Gewinnerliste ganz anders aus. Jako lag weit vorne und dann folgte Minka erst in einem gehörigen Abstand. Minka war deshalb ziemlich sauer und strengte sich an. Sie wollte unbedingt auch das Mondlichtfunkeln gewinnen, zumal heute Nacht Vollmond war. Die Rotkehlchenfamilie stellte sich zum Wettkampf auf. „Diesmal werde ich dich besiegen!", piepste Minka und warf Jako böse Blicke zu.

Doch Jako ließ sich nicht beeindrucken. Er wusste, dass Minka nicht gewinnen würde. Denn er hatte einen Trick entdeckt, wie man die Mondlichtstrahlen einfangen konnte, so dass sie sofort aufblitzten. Er würde den ganzen Winter lang Sieger bleiben, das stand für ihn fest. Da konnten sich Minka und die anderen anstrengen wie sie wollten.

Seit ihm dies klar geworden war, begann er den ganzen Schönheitswettbewerb langweilig zu finden. Er wusste auch nicht, woher dieses Gefühl auf einmal kam. Wenn er sich vorstellte, den ganzen Winter lang weiter dieses Spiel zu spielen,

### Vorbild sein

Zum Glück trifft Jako in dieser Geschichte Herrn Eule. Einen, dessen Taten und Verhalten er sich zum Vorbild nehmen, abgucken und imitieren kann. Für Erwachsene, die mit Kindern zu tun haben, ist es gut, sich immer wieder ins Gedächtnis zu rufen, dass Kinder durch Imitation lernen. Sie machen nach, was und wie wir es tun.

egal ob als Gewinner, ob als Zweiter oder als Letzter, dann überkam ihn eine richtig tiefe Traurigkeit. Das Spiel kam ihm so sinnlos vor.

### Allein im Wald

Deshalb sagte er, kurz bevor der Wettbewerb losging: „Heute habe ich keine Lust mitzumachen. Ich gehe schlafen!" Er breitete kurz die Flügel aus und ließ sich auf einem weiter entfernten Ast nieder. „Du hast Angst, dass du verlierst!", krächzte Minka und schlug triumphierend mit den Flügeln.

„Feigling, Feigling, Feigling!", schnatterten die anderen durcheinander.
Es juckte Jako in den Flügeln. Fast wäre er wieder zurückgeflogen und hätte ihnen ihre frechen Schnäbel gestopft. Er war doch kein Feigling, er fand das ganze Spiel nur witzlos.

Doch er wollte jetzt keinen Streit entfachen und flog in den Wald davon. Noch lange hallte ihm der Ruf „Feigling, Feigling!" in den Ohren. Während er zwischen den nachtdunklen Bäumen hindurchflog, dachte er einige Male daran, umzukehren und es ihnen so richtig heimzuzahlen. Natürlich würde er gewinnen! Das war doch klar. Sein Herz schlug wie wild, aber das kam nicht vom Fliegen, sondern von der Wut, die in seinem Körper kreiste. Entweder er knallte jetzt gegen einen Baumstamm, wenn er sich nicht gleich zusammenriss, oder er musste umkehren und ihnen beweisen, dass er der Schönste war. Er atmete tief durch und versuchte seine Gedanken auf etwas anderes zu lenken.

Nachts war er noch niemals allein im Wald gewesen. Die Bäume warfen ganz andere Schatten als bei Tag und auch die Geräusche klangen merkwürdig. Jako setzte sich auf den Ast einer alten knorrigen Eiche. Sein kleines Herz hatte sich beruhigt. Er schaute sich neugierig um. Da bewegte sich doch was im Baum?!

Jako zitterte. Plötzlich spürte er auch den kalten Nachtwind, der durch den Wald blies. Das milchigweiße Mondlicht ließ alles unwirklich aussehen. Jako suchte mit den Augen den Baum ab. Da! Jetzt sah er es! Ein großes, vogelartiges Tier saß im Baum, nicht weit von ihm entfernt. So eines hatte Jako noch nie gesehen. „Grüß dich, Rotkehlchen!", brummte der fremde Vogel mit einer seltsam tiefen Stimme. „Was verschlägt denn dich nachts bei Vollmond auf meine Eiche? Kannst du nicht schlafen?"
„Äh, äh, ja, doch schon!", stotterte Jako. „Es ist nur so: Die anderen machen gerade einen Schönheitswettbewerb und ich äh, ich..."

„So, so, einen Schönheitswettbewerb, nett, wirklich nett!", meinte der fremdartige Vogel mit seiner tiefen Stimme. „Und du hast also keine Lust, dabei mitzumachen?" Noch ehe Jako antworten konnte, brummte der Vogel auch schon weiter: „Sehr gut, sehr gut!"

Deshalb wird im Buddhismus großer Wert auf die Funktion des Lehrers gelegt – bei dem man abschauen kann, wie er sich verhält, bei dem man auch „abfühlen" kann, wie er gibt, wie er in sich ruht, wie entspannt er ist.

Jako rutschte unruhig auf seinem Ast hin und her. Wer mochte dieser Vogel sein? Schweigend saß er auf seinem Ast und starrte in den Mond. Plötzlich wandte der Fremde seinen Kopf und sah Jako direkt an: „Hast du Lust, mich zu begleiten?"
„Wohin denn?", fragte Jako und fühlte sich plötzlich mutterseelenallein unter dem sternenübersäten Himmel.
„Zu den Tieren, die alleine nicht durch den Winter kommen!", sagte der große Vogel und breitete seine Flügel aus.

Jako schluckte. Er nickte fast unmerklich. Der große Vogel stieß sich vom Ast ab und flog zur Futterkrippe zu und segelte auf den Fressballen zu. Dann nahm er mit dem Schnabel eine Riesenportion heraus und flog weiter. Jako tat es ihm gleich und folgte ihm. Im Vorbeifliegen sah er die Rotkehlchenfamile beim Schönheitsspiel. Minka gewann mal wieder haushoch.
„Da ist Jako! Der holt sich heimlich Futter! Deshalb wollte er nicht mitmachen! Damit wir nicht merken, wie er sich allein den Bauch vollschlägt! So einer ist das also!"

Am liebsten hätte Jako das Futterstück fallen lassen und sie verprügelt für so viel Gemeinheit. Doch er wollte sich vor dem großen fremden Vogel nicht blamieren. Der würde ihn wahrscheinlich für ziemlich kindisch halten, wenn er sich wegen so dummer Bemerkungen auf einen Streit einließ. Jako versuchte ruhig zu bleiben. Er tat so, als interessierten ihn die Sprüche seiner Familie nicht und flog einfach weiter.

**Der große fremde Vogel**

Der große fremde Vogel machte hoch oben in einem Tannenbaum Halt. Ganz versteckt, kaum sichtbar, war da ein Nest. Eine Amsel reckte ihren Kopf heraus: „Herr Eule! Wie schön, dass Sie kommen! Ich bin schon sehr hungrig!" Die Eule – so hieß also der fremde Vogel, ließ das Futter in das Nest fallen. Dankbar sah die Amsel die Eule an. „Vielen Dank, ohne Sie würde ich den Winter niemals überstehen!" Sie senkte das Köpfchen und pickte ein Körnchen. Jako konnte sehen, dass sie ziemlich geschwächt war.

„Ein Kampf mit einem Habicht hat die Arme so zugerichtet!", flüsterte die Eule Jako zu. Und zur Amsel gewandt sagte er laut: „Frau Amsel, darf ich Ihnen einen neuen Freund vorstellen?" Frau Amsel blinzelte freundlich: „Gerne!" „Das ist

Jako von der Rotkehlchenfamilie". „Oh!", sagte Frau Amsel. "Die Familie kenne ich. Ihr seid doch die, die den lieben langen Tag mit dem Schönheitsspiel verbringen?" Jako nickte betreten. Dann legte er ihr das Futterstückchen hin, das er dabei hatte und sagte: „Ja, ja...schon!" Frau Amsel sah, dass es ihm unangenehm war, deshalb wechselte sie schnell das Thema: „Und du hast mir auch etwas mitgebracht? Obwohl du doch noch ein so junger Vogel bist?"

Jako wurde ganz verlegen. Frau Amsel schien nachzudenken.
„Kommt ihr mich morgen wieder besuchen? Beide, meine ich!", sagte sie mit ihrem freundlichen Lächeln, das Jako unwiderstehlich schön schien.
„Aber sicher!", Herr Eule nickte. „Auf, Jako, jetzt fliegen wir zurück und morgen hole ich dich wieder ab! Wenn du willst kannst du mich dann noch zu meinen anderen Sorgenkindern begleiten."

Herr Eule breitete seine mächtigen Schwingen aus und erhob sich in die kalte Nachtluft. Jako flatterte hinterher. Er musste sich ganz schön anstrengen, um bei dem Tempo von Herrn Eule mitzuhalten.

Es war ziemlich spät, als sie wieder zur Eiche zurückkehrten. Beim Vorbeifliegen sah Jako, dass der Schönheitswettbewerb beendet war. Die Rotkehlchenfamilie saß schlafend in ihrem Baum. Glücklich lächelten sie, wahrscheinlich träumte jedes Rotkehlchen davon, den Wettbewerb zu gewinnen.

Herr Eule ließ sich auf der alten Eiche nieder. „Bis morgen dann?", fragte er.
Jako nickte strahlend. „Ja, bis morgen dann!"
„Gleiche Zeit? Wenn deine Familie mit dem Schönheitswettkampf beginnt?"
Jako nickte. Er würde sich sicher wieder dumme Sprüche anhören müssen. Er glaubte kaum, dass seine Familie verstand, dass es ihm besser gefiel, zusammen mit Herrn Eule anderen Tieren Futter zu bringen. Doch er würde es sicher aushalten, sich Feigling und Spielverderber nennen zu lassen.

Jako verabschiedete sich von Herrn Eule und flog in den Baum, in dem die Rotkehlchenfamilie schlief. Er setzte sich auf einen Ast. Sofort fielen ihm die Äuglein zu. Er war sehr müde. Im Schlaf lächelte er, denn er träumte von all den vielen Tieren, die er in diesem Winter noch glücklich machen konnte, dadurch, dass er ihnen half.

> Im Tibetischen heißt „Meditation" Gom, was wörtlich übersetzt „sich an etwas gewöhnen" bedeutet.
>
> **Meditativ sein heißt, sich an das Heilsame, Förderliche, Gut-Tuende zu gewöhnen.** Auch an das **„In sich Ruhen"** muss man sich gewöhnen, wie man sich „entwöhnen" muss, sich zu zerstreuen und dauernd nur sein eigenes Vergnügen und seinen eigenen Vorteil im Sinne zu haben.
>
> **Entspannte und freundliche Gedanken denken,** statt selbstzerstörerische und aggressive – **freundliche Worte sagen.** Statt gemein, unterstützend handeln, statt sich verweigern oder kaputtmachen, offen für andere sein und helfen, das ist das Trainingsprogramm, dem sich Buddhisten unterziehen, um ihren Geist geschmeidiger, flexibler und heiterer zu machen.

# Der Schönheitswettbewerb und seine Folgen

Als der Große Ark mit der Geschichte geendet hatte, lächelten die Bären. Sie hätten sicher genauso wie Jako gehandelt, da waren sie sich sicher.

„Jako hat das wirklich gut gemacht", lobte Urka das Rotkehlchen. „Eigentlich ist es doch ein blödes Spiel, das die Familie da erfunden hat. Schönheitswettbewerb, auf so etwas können auch nur Vögel kommen!"

„Na ja, bei uns Bären gibt es andere Wettbewerbe", brummte Parkito vielsagend. „Ich erinnere euch an euer Lieblingsspiel 'Wer hat die stärksten Pranken'. Leider verliere ich dabei immer."

„Du bist schließlich auch ein Schwächling!", ereiferte sich Parko. „Würdest du mehr Bäume ausreißen trainieren, dann wäre deine Pranke auch kraftvoller!"

„Ich will aber lieber meinen Geist trainieren", antwortete Parkito selbstbewusst, „deshalb ertrage ich es, dass ihr mich hänselt, weil ich keine bärenstarken Pranken habe."

„Da sind wir ja schon mitten drin im Training!" Der Große Ark schmunzelte.

Was soll denn das eigentlich bringen, wenn man übt es auszuhalten, dass andere sich über einen lustig machen oder einen hänseln?", will nun Atissa wissen.

„Gute Frage", antwortete der alte Bär. „Wer von euch kann sie beantworten?"

„Äh..." Die Bären schauten verlegen zu Boden. „Was sollte es für einen Vorteil bringen, sich beschimpfen zu lassen und den, der schimpft, nicht zu verprügeln?"

Sie dachten alle sehr sehr sehr angestrengt nach. Das war wieder eine unglaublich schwere Frage! Zögerlich hob nach langer Zeit Atissa die Tatze.

"Ja, Atissa, bitte sag uns deine Antwort!", bat der Große Ark.
"Also, wenn wir überlegen, dass es darum geht, den Geist zu trainieren, damit er stark wird..." Atissa sah den Großen Ark fragend an. "Darum geht es!", antwortete er.
"Dann", fuhr Atissa fort, "ist es wichtig, die Gedanken, die das Gute und Hilfreiche fördern, zu stärken, und die Gedanken, die das Gemeine und nicht Gute fördern, zu lassen." Wieder nickte der Große Ark. Auch das war richtig.
"Wenn wir jemanden, der uns hänselt, verprügeln, dann fördern wir einen Gedanken, der eigentlich kein liebevoller Gedanke ist. Und es heißt ja auch: Zu einem starken Geist gehört ein liebevolles Herz."

Die anderen Bären sahen sich erstaunt an. Atissa war die kleinste und jüngste Bärin und konnte dennoch so gut denken.
"Das ist alles richtig! Sehr richtig sogar!", lobte der Große Ark und die Bären klatschten begeistert Beifall.
"Bekommen wir jetzt wieder eine Geschichte erzählt?", fragte Urka.
"Gibt es diesmal eine Bärengeschichte?", fragte Atissa vorwitzig.
Der Große Ark schüttelte den Kopf.
"Diesmal will ich euch eine Geschichte erzählen, die als Hauptperson eine kleine dicke Maus hat. Das ist eine meiner Lieblingsgeschichten. Dabei geht es nämlich um Musik und ihr wisst ja, dass ich ein großer Musikliebhaber bin!"
Die Bären nickten. Sie wussten alle, dass der Große Ark viele, viele Jahre lang Gesangsunterricht genommen und auch bei einigen berühmten Bärenopern mitgesungen hatte.

Die Bären kuschelten sich aneinander.

### Klügere Ziele für dauerhaftes Glück

Der Buddhismus diagnostiziert acht gegensätzliche Pole, die uns in der Welt der ichbezogenen Gedanken festhalten:

**Gewinn und Verlust
Ruhm und Schande
Lob und Tadel
Glück und Leid**

Zwischen diesen acht Polen pendelt unser Leben und unser Bemühen, zu den einen wollen wir hin, von den anderen weg. Dabei vergessen wir, dass uns das Erlangen der einen Seite der Medaille nicht davor schützt, die andere Seite zu erfahren, wenn wir Ruhm und Ehre haben, können wir im nächsten Augenblick in der Gunst unserer Bewunderer abstürzen, haben wir gerade ein Haus geerbt, kann am nächsten Tag ein Erdbeben kommen, gegen das wir nicht versichert sind, und so weiter. Der Buddha hat seine Schüler ermuntert, gründlich darüber nachzudenken. Erst wenn wir erkannt haben, wie unsicher und unbeständig das ist, nach dem wir streben und auf das wir bauen, verstehen wir, dass es klügere Ziele für das dauerhafte Glück gibt.

# Die kleine, dicke Maus gibt ein Konzert

Der Sommer neigte sich seinem Ende zu. Auf der Wiese am Waldrand wollte jedoch niemand etwas davon wissen. Die Bienen und Hummeln flogen noch fröhlich von Blüte zu Blüte, die Schmetterlinge tanzten über die Blumen hinweg, die Fliegen summten und brummten um die Wette. Die Grashüpfer tollten zwischen den Halmen und spielten Verstecken, schwarze, grüne, rote, gelbe, gepunktete und gestreifte Käfer spazierten die Blumenstängel auf und ab.

Die kleine dicke Maus lebte ganz in der Nähe. Sie hatte kugelrunde, muntere schwarze Augen, ein glänzendes braunes Fell, einen großen Schnurrbart und wunderschön geformte große Ohren. Damit konnte sie vorzüglich hören. Es machte ihr einen Riesenspaß hinein in den Wald zu lauschen, und einfach nur zuzuhören. Ihr Mauseloch lag gut versteckt am Wiesenrand unter den starken Wurzeln einer knorrigen alten Eiche. Tief ins Erdreich hinunter war der Mausegang gegraben. Und am Ende des Ganges befand sich ihr großes geräumiges Mausenest. An den Wänden waren Körbe und Regale angebracht für Nüsse und Früchte, die die kleine Maus noch für den Winter sammeln wollte. Weicher dichter Flaum und frisch duftendes Heu bedeckte den Boden. Hier war es so richtig gemütlich. Die kleine dicke Maus döste in ihrem Bettchen.

Plötzlich wurde sie durch einen seltsamen Laut aus ihren Tagträumen gerissen. Was war das? Die kleine Maus spitzte ihre Ohren. Das konnte nur von der Wiese kommen! Geschwind sprang die Maus aus ihrem Bett und eilte den Gang entlang. Hinter einer großen Wurzel hielt sie sich versteckt.

## Freudige Anstrengung

In dieser Geschichte geht es unter vielem anderen um ein weiteres Paramita, die „freudige Anstrengung", die „Tatkraft für das Gute". Wenn wir uns aus alten Gewohnheiten befreien wollen und neue, bessere aufbauen wollen, werden wir Rückschläge erleben, wir werden immer wieder in die alten, ausgetretenen, uns vertraut gewordenen Bahnen zurückfallen. Wir werden Misserfolge zu verkraften haben und bestimmt mehr als einmal glauben, wir würden es nicht schaffen, die Aufgabe sei zu schwer. Dann brauchen wir die Energie, die uns hilft, aus der Verzagtheit, Erschöpfung oder dem Zweifel wieder herauszukommen. Das bedeutet oft, sich am Riemen zu reißen, und dann mit frohem Mut das, was wir uns vorgenommen haben, von Neuem in Angriff zu nehmen.

Der kleinen Maus werden ziemlich viele Steine in den Weg gelegt. Dr. Schrill spricht sogar ein vernichtendes Urteil über sie aus, er sagt, sie habe sowieso kein Talent zum Geigenspielen. Wie gut, dass Frau Pfauenauge der kleinen Maus den

„Das ist ja unglaublich!", staunend rieb sich die kleine dicke Maus die Augen. War sie wach oder träumte sie? Vor ihr versammelten sich die Wiesenbewohner und bildeten einen großen Kreis. Alle Bienen, Hummeln, Mücken, Käfer, Grillen, Schmetterlinge, Ameisen und Wespen kamen zusammen. In der Mitte des großen Kreises hatte eine kleinere Gruppe Platz genommen. Zwei große Grillen, ein Schmetterling und einige Käfer. Alle hielten sie etwas in ihren Händen. War vorher ein ziemliches Gewusel und Gezappel im Kreis, so wurde es jetzt mit einem Mal ganz still. Die kleine Maus schlug vor Ehrfurcht die Augen nieder. Die Tierchen im inneren Kreis musizierten! Es war eine so herrliche, eine so herzerweichende, eine so sehnsuchtsvolle Melodie, dass der kleinen Maus Tränen in die Augen

Die kleine dicke Maus wurde mit einem Mal ganz traurig. „Wenn ich nur auch so zierlich und leicht wäre, dann könnte ich jetzt mittanzen und mitmusizieren!"
Die Musik wurde wilder und wilder. Die Tierchen in der Wiese tanzten immer verrückter, sie jauchzten und hüpften vor Freude und Spaß.

„Wenn ich nur auch Geige spielen könnte!", wünschte sich die kleine Maus. Eine dicke Träne kullerte aus ihren Augen und tropfte in ihr Fell.
„Morgen gehe ich zu Herrn Grill und frage ihn, ob er mir das Geigen beibringen kann!", das schwor sie sich und trottete zurück in ihre Höhle.

Am nächsten Tag machte sie sich auf zu Herrn Grill. Er lag gemütlich in der Sonne und ließ sich seinen schlanken, grazilen Leib bescheinen.
„Hm hm", räusperte sich die kleine Maus, um sich bemerkbar zu machen. Herr Grill schreckte aus sei-

traten. Sie seufzte tief und schlug die Augen wieder auf. Die Musik hatte sich inzwischen verwandelt und war lebhafter geworden. Jetzt begannen die Zuhörer im Kreis sich zu bewegen. Die Schmetterlinge tanzten anmutig auf und ab, die Bienen, Hummeln und Wespen vollführten die tollsten Pirouetten, die Käfer schwangen das Tanzbein und lachten vor Freude hell auf.

Rücken gestärkt hat. Wir alle brauchen solche Unterstützungen, vor allem, wenn wir noch Kinder sind: Ermunterung zum Selber-Versuchen und Ansporn, nicht bei den ersten Misserfolgen gleich die Flinte ins Korn zu werfen. Schließlich ist noch kein Meister vom Himmel gefallen. Hier helfen Geduld, Disziplin und an sich zu glauben und eben einfach weiterzumachen.

nem Mittagsschläfchen auf und sah die Maus mit großen Augen an. „Was willst du denn hier?", fragte er sie überrascht.

„Herr Grill, ich habe gestern Ihr Konzert gehört. Es war wunderschön!" Sie strahlte Herrn Grill dankbar an. „Vielen Dank, kleine Maus!", sagte Herr Grill und fühlte sich geschmeichelt. Als die Maus immer noch vor ihm saß und keine Anstalten machte zu gehen, fragte er weiter: „Ist sonst noch was?"

„Ja!", antwortete sie und nickte heftig. „Ich, äh, ich, ich würde gerne das Geigenspiel erlernen!"

Wie bitte?", Herr Grill staunte, „ich höre wohl nicht recht!? Eine Maus will Geigen lernen, das gibt es doch nicht!"

„Doch, Herr Grill, ich möchte!"

„Hm, lass mich nachdenken", sagte Herr Grill und kratzte sich mit dem Hinterbein seinen Rücken. „Also hör zu: eigentlich bringen wir Mäusen nichts bei, aber wenn du unbedingt willst." Die kleine Maus nickte dankbar. „Wenn du unbedingt willst, dann geh zu Dr. Schrill, er ist zwar streng, aber der beste Geigenlehrer hier in der Wiese. Sag ihm, dass ich dich schicke. Er wohnt dort hinten unter den Margeritenblumen."

„Vielen herzlichen Dank, Herr Grill", die Maus lächelte. In einem Nu war sie verschwunden.

Dr. Schrill wunderte sich sehr über den Besuch und noch mehr über den Wunsch, den die Maus vorbrachte. Aber da sie von Herrn Grill geschickt war und er ihm einen Gefallen schuldete, willigte Dr. Schrill ein, der Maus das Geigenspiel zu lehren. Zuerst einmal musste eine große Geige beschafft werden, auf der die kleine Maus spielen konnte.

Das war zum Glück nicht allzu schwer, denn der Grillengeigenbauer hatte immer einige in einer Extragröße da.

So, und nun schau gut zu, dicke kleine Maus!", kommandierte Dr. Schrill: „Du nimmst die Geige so, und den

In der buddhistischen Lehre ist „freudige Anstrengung" das Mittel gegen Faulheit und mangelndes Selbstvertrauen. Die Meditationslehrer empfehlen, nicht zu viel und zu lange am Stück zu üben, sondern lieber kürzer, aber dafür regelmäßig.

**Üben, üben, üben ist das Zauberwort im Prinzip für jede Fertigkeit, die man trainieren und verbessern will.** Auch einen bärenstarken Geist bekommt man nicht geschenkt, sondern es stecken viele Stunden durchaus auch anstrengendes Üben dahinter, bis dieser Weg sich zur Meisterschaft hin öffnet.

Geigenbogen nimmst du so, und damit streichst du die Saiten so!" Dr. Schrill machte es auf seiner Geige vor und entlockte ihr viele süße Töne. „Hast du es verstanden?", fragte Dr. Schrill streng. „Die kleine Maus nickte. Sie hatte einen ziemlichen Kloß im Hals, denn sie war sich nicht sicher, ob sie es wirklich verstanden hatte, traute sich aber nicht, es Dr. Schrill gegenüber zuzugeben.

„Gut!", sagte Dr. Schrill. „Jetzt geh in deine Höhle üben. In einer Woche kommst du wieder und zeigst mir, was du gelernt hast."

Die kleine Maus schnappte sich ihre Geige und trollte sich. Schnell war sie in ihrer Höhle verschwunden. Sie hielt die Geige und den Bogen, wie Dr. Schrill es ihr gezeigt hatte – doch kein süßer Ton kam heraus, sondern ein entsetzliches Quietschen und Kreischen. Nach einer Woche hatte sich daran nichts geändert.

Betrübt und ängstlich machte sich die kleine Maus auf den Weg zu Dr. Schrill.

„Nun, was hast du gelernt?!", fragte er gebieterisch.

„Es klappt nicht so gut", gestand die kleine Maus kleinlaut. „Lass hören!" Dr. Schrill richtete sich auf und hob drohend seinen Geigenbogen.

Die kleine Maus seufzte und spielte drei Töne. „Genug!", donnerte Dr.

Schrill. „So eine ungelehrige Schülerin habe ich ja noch nie erlebt! Ich wusste es ja gleich, Mäuse können einfach nicht Geige spielen!", schimpfte er. „Lass dich hier nie wieder blicken!" Damit jagte er die kleine Maus davon.

### Frau Pfauenauge

Mit tränenverhangenen Augen stolperte die kleine Maus über die Wiese. Fast wäre sie mit Frau Pfauenauge zusammengestoßen, die gerade eine Spazierrunde drehte. Als sie sah, dass die kleine Maus hemmungslos weinte, hielt sie erschrocken in ihrem Schritt inne: „Kleine Maus!", rief sie mit sanfter Stimme, „Was ist denn geschehen?" Die kleine Maus blieb stehen und schüttete Frau Pfauenauge ihr Herz aus: „Dr. Schrill hat mich davon gejagt, er will mir nicht das Geigenspielen beibringen!", schluchzte sie.

„Du willst Geigenspielen lernen?" fragte Frau Pfauenauge neugierig. Die kleine Maus nickte. „Ja, aber..."

„Nichts aber!" Der alte Schrill ist doch ein fürchterlicher Tyrann!" Frau Pfauenauge setzte sich neben die kleine Maus, wiegte ihr Federkrönchen, das sie immer auf dem Kopf trug, lustig hin und her, und sagte: „Kleine Maus, wenn du einverstanden bist, bringe ich dir das Geigenspielen bei!" Die Maus sah sie glückselig an. „Sie können Geige spielen?"
Frau Pfauenauge nickte. „Und beibringen kann ich es dir auch!"
„Wirklich?!" „Aber natürlich! Wir Pfauenaugen stehen zu unserem Wort!"

Jeden Tag trafen sich die beiden vor der alten knorrigen Eiche. Mit Frau Pfauenauge machte das Üben einen riesigen Spaß. Die kleine Maus war glücklich. Jeden Tag übte sie einige Stunden das Geigenspielen.

Als es schließlich Winter geworden war und der erste Schnee fiel, zogen sich die allerletzten Tiere in ihre Winterquartiere zurück. Die Insekten waren schon lange verschwunden und auch Frau Pfauenauge hatte der kleinen Maus Lebewohl gesagt.

Während die anderen Tiere ihren Winterschlaf hielten, übte die kleine Maus in ihrer Höhle. Sie übte und übte und übte, bis die Töne, die sie der Geige entlockte, manchmal wirklich fast so klangen, wie die von Frau Pfauenauge. Mitten im tiefsten Winter war es auch in der Höhle der kleinen dicken Maus ziemlich kalt geworden, und an manchen Tagen quietschte die Geige erbärmlich, wenn die kleine Maus den Bogen über die Saiten strich. „Ich lern es nie!", schluchzte sie, warf den Bogen beiseite und verkroch sich unter das Stroh und weinte heiße Tränen. Sie wollte nie mehr ihre Geige anrühren, denn sie hatte das Gefühl, vollkommen unmusikalisch zu sein. Herr Dr. Schrill hatte schon Recht gehabt, dachte die kleine Maus und dicke Tränen kullerten in ihr Fell und fielen ins Stroh. Drei Tage lang ließ sie die Geige in der Ecke stehen, doch dann hatte sie wieder neuen Mut gefasst. „Ich werde das Geigenspiel schon lernen!", feuerte sie sich selbst an. „Ich muss nur üben!" Und es verging kein Tag, an dem sie nicht wenigstens ein paar Minuten lang die wundersüßesten Töne aus der Geige hervorlockte. Nach und nach waren die Melodien, die Töne, die sie spielte so schön und süß geworden, dass sich die Vögel des Waldes jeden Tag auf der Eiche versammelten und lauschten. Diese Musik tat ihnen so wohl. Es wurde ihnen ganz warm ums Herz und sie

vergaßen fast, wie hart doch der Winter war. Auch die größeren Tiere, die Rehe, Wildschweine, Hirsche und Hasen strichen mit gespitzten Ohren um die alte Eiche. Diese Töne waren so lieblich und freundlich, dass sie an nichts Schlechtes denken konnten und sich einfach nur wohl fühlten.

Schließlich schmolz der Schnee und das Leben kehrte in die Wiese zurück. In den ersten warmen Frühlingstagen waren auch die Insekten wieder da. Sie freuten sich riesig, dass der Winter vorbei war und beschlossen, ein Frühlingskonzert zu geben. Sie versammelten sich alle in einem großen Kreis, in der Mitte nahmen Herr Grill, Dr. Schrill, Frau Pfauenauge und noch ein paar andere Musikanten Platz. Nachdem sie ihre Instrumente gestimmt hatten, herrschte kurze Zeit eine angespannte Stille. Und dann jubilierten die Instrumente. Eine fröhliche, heitere Melodie tönte über die Wiese.

Plötzlich erklang von der Eiche her eine weitere Geigenstimme. Die Melodie, die sie spielte, war so ergreifend, so rührend, dass alle die Ohren spitzten. Frau Pfauenauge lächelte. Sie wusste, wer diese herrliche Melodie der Geige entlockte. Das konnte keine andere sein als die kleine Maus. Sie hörte es am Anstrich und an der Anmut, wie die Töne nacheinander perlten. Dr. Schrill und Herr Grill sahen sich verstört an: War jetzt etwa ein noch besserer Grillenkonzertmeister in ihre Wiese eingedrungen und versuchte, ihnen den Platz streitig zu machen? Unzweifelhaft spielte dieser Geiger besser als sie.

Da tauchte die kleine Maus fiedelnd im Gras auf. Frau Pfauenauge lief in schnellen hüpfenden Schritten der kleinen Maus entgegen und die beiden spielten ein Duett, wie es noch kein Wiesenbewohner jemals gehört hatte. Und musizierend traten die beiden in den Kreis, in dem auch Herr Grill und Dr. Schrill saßen. Zuerst wollten sie ihren Augen und Ohren nicht trauen: Das war doch die kleine dicke Maus, die sie für vollkommen unmusikalisch gehalten hatten! Wie konnte die nur plötzlich so schön spielen! Beleidigt schauten Herr Grill und Dr. Schrill auf die Erde.

Doch die herrlich jubilierenden und trillernden Töne, die Frau Pfauenauge und die kleine Maus spielten, ließen ihnen keine Ruhe. In diese Melodie mussten sie einfach mit einstimmen. Und fröhlich stimmten nun alle Musikanten mit in das Konzert ein. Und als das Lied zu Ende war, hatten alle Tränen in den Augen. Eine so wunderschöne Musik hatten sie noch nie gehört.

„Wie hast du das geschafft, dass du so wunderbar die Geige spielen kannst?", fragte Dr. Schrill voller Bewunderung und Anerkennung die kleine Maus.

Die senkte bescheiden den Kopf. „Frau Pfauenauge hat es mir beigebracht, und dann hab ich den ganzen Winter lang geübt."

„Bravo, bravo! Bravo, kleine Maus!" erschallte es jetzt von allen Seiten. Die Wiesenbewohner klatschten Beifall und feierten die kleine Maus, die ein so wunderschönes Konzert gegeben hatte.

# Übung macht den Bärenmeister

„Bravo, bravo, kleine Maus!", jubelten auch die Bären und klatschten Beifall. Das war eine wirklich wunderbare Geschichte gewesen, die ihnen der Große Ark erzählt hatte.

„Ich habe sogar fast geglaubt, ich könnte die Musik hören!", erklärte die kleine Atissa und strahlte über das ganze Gesicht.

„Ich auch!", meinte Urka, erhob sich und machte ein paar Tanzschritte. „So ungefähr müsste der Tanz dazu gehen!", meinte sie fröhlich.

Auch der Große Ark begann plötzlich eine lustige Melodie zu pfeifen und die Bären stimmten mit ein.

Plötzlich sagte Arkita: „In dieser Geschichte ging es um ziemlich viele Dinge, die wichtig dafür sind, dass unser Geist unerschütterlich wird."

Die anderen Bären hörten auf zu pfeifen und spitzten die Ohren. „Es ging um etwas Herschenken: Frau Pfauenauge hat ihren Unterricht hergeschenkt. Die kleine Maus hat die Beschimpfungen von Herr Schrill ertragen und geduldig ausgehalten. Sie hat sich zusammengerissen und weitergemacht, obwohl sie manchmal nicht mehr konnte und wollte. Und sie hat Freude daran gehabt zu üben und war nicht faul."

„Richtig!", lobte der Große Ark. „Alles richtig!"

Er nickte ernst. „Es gibt noch etwas, was wichtig ist, damit wir unerschütterlich bleiben können. Etwas Schwieriges", warnte er.

„Ich fand das alles schon schwierig genug", meinte Parko und dachte dabei an das Geduld-Üben, als er unbedingt einen Apfel essen wollte.

„Jetzt geht es darum, dass wir lernen, uns nicht ablenken zu lassen, eure Aufmerksamkeit ganz bei einer Sache zu lassen. Nicht hierhin und dahin springen mit den Gedanken, nicht von einer Idee zur nächsten."

„Und wie können wir das lernen?" Urka schaute den Großen Ark fragend an.

„Am leichtesten lernt man es, wenn

**Immer einmal wieder mit sich selbst alleine sein ist für Bären und Menschen in gleicher Weise wichtig.** Erwachsene kennen das gut, dass sie vor lauter Verpflichtungen und Terminen keine Zeit mehr für sich selbst haben. Dabei würden sie so gerne viele schöne Dinge tun, bei denen sie auftanken könnten: Briefe schreiben, meditieren, nachdenken, ein Buch lesen – und vor allem aber auch **einfach einmal nichts tun. Sowohl Kindern als auch Erwachsenen tut es gut, unverplante Zeiten zu haben**, in denen sie nicht durch ein „Programm" beschäftigt und von sich abgelenkt werden. Zeiten, in denen sie nur mit sich selbst zu tun haben. Es mit sich selbst aushalten, sich nahe sein, ohne dass man gleich wieder etwas tut, und sei es etwas Sinnvolles, Nützliches, Gutes, Spirituelles. **Nichtstun ist die Grundlage jeder Selbstliebe, Entspanntheit und Kreativität.**

Erst wenn wir eine Weile auf Leerlauf geschaltet haben, wenn uns die Zeit lang zu werden beginnt, gibt es die „Lücke", etwas ganz Neues zu denken, zu fühlen, zu erkunden, zu erfinden. Wer immer nur das Gewohnte tut und nie Zeit für eine Auszeit hat, verpasst extrem wertvolle Kreativmomente!

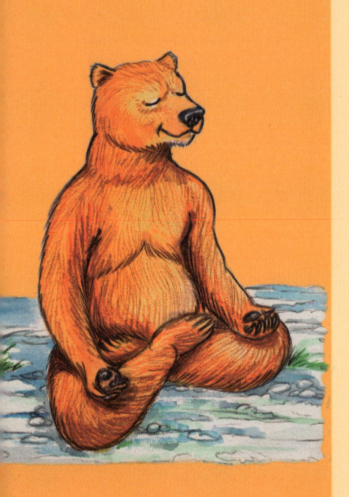

man sich für eine Weile aus dem Trubel des Bärenlebens zurückzieht."

„Alleine sein müssen?" Erschrocken schauten die Bären den Großen Ark an.

Dieser schüttelte den Kopf. „Ihr braucht nicht ganz alleine sein. Es reicht, wenn sich die zusammentun, die sich eine Weile lang nicht ablenken lassen wollen vom Alltag des Bärenlebens. Die eine Zeit lang aufhören wollen, durch die Gegend zu ziehen und nach Abenteuern Ausschau zu halten, oder auch die einmal nicht nur faul in der Höhle herumliegen wollen. Die eine Weile keine Pläne schmieden wollen, wie man neue Honiggründe entdecken könnte, oder überlegen, wie man ein berühmter und beliebter Bär werden könnte. All dies würdet ihr in der Zeit nicht tun."

„Dürfen wir dann auch nicht mit anderen Bären spielen?" Diese Frage stellte Atissa, und dachte dabei an ihre Jungbärinnenclique, deren Anführerin sie war.

„Das gehört da auch dazu. Alles, was euch vom Training eures Bärengeistes ablenkt, solltet ihr eine Weile meiden."

„Das hört sich langweilig an!" stöhnte Arkita und stellte sich forsch vor den Großen Ark hin. „Was dürfen wir dann überhaupt tun?"

Der Große Ark ging darauf nicht ein, sondern erklärte: „Am leichtesten fällt einem das Training des Bärengeistes in der Honigtopfhaltung", sagte er und setzte sich hin. Die Beine kreuzte er übereinander, den Rücken hielt er gerade und die Hände legte er vor dem Herzen zusammen.

„Muss das sein?", stöhnte Parko, dem bei der Honigtopfhaltung immer die Beine einschliefen.

„In dieser Haltung ist es am einfachsten", wiederholte der Große Ark. „Denn so ist der Körper in einer ruhigen, bequemen Haltung und ihr braucht nicht herumzuzappeln. Dann könnt ihr leichter euren Geist beobachten und mitbekommen, wie und von was er sich ablenken lässt. So gut wie immer sind das Gedanken, Ideen und Wünsche."

„Erzählst du uns auch etwas dazu?", fragte Arkita, die eigentlich erst dann, wenn sie eine Geschichte zum Thema gehört hatte, richtig verstand, um was es ging.
„Aber natürlich gibt es auch dazu eine Geschichte", der Große Ark lächelte.
„Handelt sie dieses Mal von Bären?", fragte Atissa.

Der Große Ark schüttelte sein Bärenhaupt. „Nein. Die Geschichte, die ich euch diesmal erzählen werde, spielt in der Familie der Katzen. Und auch die Katzen kennen die Honigtopfhaltung, sie nennen sie nur anders!"
„Wie denn?", wollte Parkito wissen.
„Lasst euch überraschen!"

### Aufmerksamkeit und Konzentration

In dieser Geschichte geht es hauptsächlich um das Paramita der „Aufmerksamkeit und Konzentration". Ein stabiler Geist ist dadurch gekennzeichnet, dass er sich nicht von diesem und jenem ablenken lässt. Doch sich ablenken lassen, ist so schnell passiert! Uns fällt ein, dass wir noch schnell die Wohnung staubsaugen könnten, und schon sprin-

# Die kleine Katze Lin Shi

Lin Shi war die jüngste und kleinste von zehn Katzenkindern, die in einer ziemlich verfallenen Scheune in der Nähe des Gelben Flusses lebten. Jeden Abend kam Frau Ziao, um sie zu füttern. Sie brachte immer eine große Schale herrlich duftender warmer Milch mit, in die Brotstücke eingetaucht waren.

Wenn Lin Shi nur nicht so klein wäre! Ihre Geschwister schubsten sie einfach zur Seite, so dass Lin Shi immer nur die allerletzten Reste zu fressen bekam. Wenn Lin Shi nicht von Frau Ziao ab und zu extra ein Schälchen bekommen hätte, wäre sie sicherlich verhungert.

Heute ärgerte sich Lin Shi besonders heftig, denn ihre Schwestern Han Tau und Han Tin hatten die kleine Lin Shi nicht nur vom Milchschälchen weggedrängt, sondern sogar gekratzt. Lin Shi war fauchend zurückgewichen. Sie war fürchterlich wütend auf ihre Schwestern. Vor allem aber auf sich selbst, weil sie so klein und schwach war. Am liebsten hätte sie zurückgekratzt und ihren Schwestern ins Ohr gebissen, aber das wäre nicht besonders klug gewesen. Deshalb verkroch sich Lin Shi in die hinterste Ecke der Scheune und sann auf Rache.

Soviel sie auch nachdachte, es fiel ihr nicht ein, wie sie stärker und größer werden konnte.

Ihre älteren Geschwister hatten sich alle zu einem Schläfchen zurückgezogen, doch Lin Shi war hellwach. In ihrem Kopf überschlugen sich die Gedanken. Leider war kein einziger dabei, mit dem sie etwas anfangen konnte.

Deshalb beschloss Lin Shi, nach draußen zu gehen und sich einmal allein die Welt anzusehen.

Vorsichtig, um die anderen nicht aufzuwecken, schlich sie auf Samtpfoten hinaus aus der Scheune. Es war bereits dunkel. Der Mond stand groß und voll am Himmel, so dass Wege, Häuser und Straßen in ein gespenstisches Licht getaucht waren.

gen wir auf. Unser Partner ist schlecht gelaunt und schimpft, und schon sind wir in einen Streit verstrickt. Wir fragen uns, wie viel Geld wir überhaupt noch auf dem Konto haben, und schon laufen wir zum Bankautomaten. Wie leicht lassen wir uns von Gedanken und Worten mitreißen, von Träumereien wegtragen! Damit dies nicht so einfach geschieht, müssen wir das „Bei einer Sache bleiben" trainieren. Das können wir durch **Meditation** tun, wenn wir uns Zeiten vorgeben, in denen wir uns vornehmen, still zu sitzen und zum Beispiel nur auf unseren Atem zu achten, Gedanken, Gefühle und Ideen vorbeiziehen lassen und nicht auf sie einzusteigen. Oder wir können uns ganz auf eine Tätigkeit einlassen: **Beim Fegen nur Fegen, beim Essen nur Essen, beim Gehen nur Gehen. Achtsamkeit nennt man das, und die kann man lernen, und mit der Achtsamkeit stellt sich nach und nach ein stabiler Geist ein**, der sich nicht gleich durch impulsive Ideen, Gedanken und Gefühle aus der Ruhe und Balance bringen lässt. Es entsteht ein Zwischenraum zwischen dem Impuls, etwas sofort tun zu wollen, tun zu müssen oder sollen, und der Reaktion.

### Rache ist nicht wirklich süß: Ursache und Wirkung

Wenn es uns gelingt, einen Abstand zwischen Impuls und Ausführung des Impulses einzubauen, ist es uns vielleicht manchmal möglich, Worte und Handlungen zu vermeiden, die uns später Leid tun. Das ist vor allem bei aggressiven Reaktionen ein großer Vorteil. Wenn wir uns nicht sofort in die Enge getrieben fühlen, weil uns jemand Idiot nennt, sondern inneren Raum für alternative Reaktionsweisen haben, ist schon etwas Handlungsspielraum und Freiheit gewonnen.

Im Hinterhof standen mehrere große Tonnen herum und warfen lange Schatten. Ein alter, struppiger Kater hinkte gerade über den Hof. Plötzlich stürzten sich zwei junge Räuberkatzen vom Dach herunter auf den armen Alten. Sie kratzten und bissen ihn. Der alte Kater röchelte und fauchte ganz schwach. Die beiden Räuberkatzen waren viel stärker als er.
Was wollten sie nur? Ihn fertig machen? Oder töten? Was hatte er ihnen denn getan? Lin Shi stellte vor Schreck ihre Nackenhaare auf. Angst überfiel sie. Ihre Barthaare zitterten. Ob sich die beiden Räuberkatzen als Nächstes auf sie stürzen würden? Was sollte sie tun? Fliehen, sich verstecken oder einfach abwarten?

Plötzlich sprang eine große schneeweiße Katze mitten auf den Hof. Majestätisch lief sie auf die Kämpfenden zu. Der Mond ließ ihr Fell silbern aufleuchten. Mit einem Satz sprang sie auf die Räuberkatzen und verpasste jeder einen Schlag mit der Pfote. Blitzschnell war es geschehen. Lin Shi hatte es kaum richtig verfolgen können. Jaulend heulten die beiden Räuberkatzen auf und duckten sich. Mit eingezogenem Schwanz machten sie sich aus dem Staub.

Die majestätische Katze mit dem Silberfell leckte dem armen alten Kater die Wunden und redete beruhigend auf ihn ein. Ihre Stimme hatte einen wunderschönen, sanften Klang.
Lin Shi wagte sich vor. „Warum wollten die Räuberkatzen den armen Kater denn fertig machen?", fragte sie schüchtern und blinzelte die Silberkatze an. „Wegen nichts!", antwortete der alte Kater erschöpft. „Nur aus Spaß!" Er schüttelte traurig den Kopf und verzog dabei das Gesicht vor Schmerzen.

„Denen haben Sie es aber gezeigt!", sagte Lin Shi und schaute bewundernd die Silberkatze an. „Können Sie mir das auch beibringen?"
Die Silberkatze fragte sie lächelnd: „Was beibringen?"

„Na, böse Katzen mit einem einzigen Schlag vertreiben! Das würde ich auch gern können!", antwortete Lin Shi prompt.
„Und was würdest du tun, wenn du es gelernt hättest?", fragte die Silberkatze und schaute Lin Shi dabei direkt in die Augen.

„Meine Geschwister verprügeln! Es ihnen so richtig heimzuzahlen!" Lin Shis Augen leuchteten auf, als sie die Worte hervorstieß. „Langsam, langsam!", antwortete die Silberkatze und wiegte bedächtig ihren Kopf. „Dazu ist die Kunst des Wei-San nicht da. Sie zu erlernen ist ein sehr langer Weg, der Mut, Disziplin und Durchhaltevermögen erfordert." Die Silberkatze sah Lin Shi durchdringend an. Lin Shi hatte das Gefühl, sie würde ihr bis auf den Grund ihres Herzens blicken und ihre geheimsten Gedanken dabei entdecken. „Und außerdem", fuhr die Silberkatze fort, „erlernt man diese Kunst nur, um anderen zu helfen!"

Lin Shi überlegte keine einzige Sekunde. „Ich will es aber trotzdem lernen!", rief sie. Anderen helfen würde sie schon schaffen, dachte Lin Shi. Wenn sie nur erst einmal sich selbst helfen könnte… Lange sah die Silberkatze Lin Shi an und schwieg. Schließlich sagte sie: „Gut. Hiermit bist du angenommen. Komm morgen früh in der Morgendämmerung in den Hof der alten Birken."

Rachegedanken und Rachehandlungen setzen nur wieder neue Ursachen für aller Erfahrung nach unerfreuliche Folgen. Die so genannte Gewaltspirale wird in Gang gebracht. Wenn es uns gelingt, das Ping-Pong-Spiel aggressiven gegenseitigen Hochschaukelns zu unterbrechen, ist dies ein untrügliches Zeichen dafür, dass unser Geist an Stabilität und Stärke dazugewonnen hat.

## Die Kunst des Wei-San

Kampfkünste wie das Wei-San von Katzen oder das Shaolin-Kung-Fu, Tai Chi, Judo, Aikido, Karate-Do von Menschen sind eigentlich **Meditationen in Bewegung**. Bei ihnen kommt es auf Konzentration und Achtsamkeit an. Sie dienen der Harmonisierung von Körper und Geist, der Unterstützung körperlicher Vitalität und der geistigen Wachheit.

---

Lin Shi nickte. Diesen Hof kannte sie. Er war ziemlich weit entfernt von ihrer Scheune.

## Der Hof der alten Birken

In dieser Nacht brachte Lin Shi vor Aufregung kein Auge mehr zu. Als es dämmerte, kroch sie aus ihrer Ecke und machte sich leise auf den Weg zum Hof der alten Birken.

Als sie dort ankam, waren dort schon ungefähr zehn Katzen versammelt, die Lin Shi alle nicht kannte. Sie hatten sich in einer Reihe aufgestellt und schienen auf etwas zu warten. Lin Shi stellte sich mit in die Reihe. Da trat wie aus dem Nichts plötzlich die Katze mit dem Silberfell hervor. „Wir haben ein neues Mitglied, sie wird die nächste Zeit bei uns bleiben", sprach sie in feierlichem Ton. „Sie heißt...", fragend schaute sie zu Lin Shi hin. „Lin Shi heiße ich!" rief die kleine Katze stolz. „Denkt daran. Sie ist eine Anfängerin. Seid rücksichtsvoll mit Lin Shi!"

Die Katzen verneigten sich. Dann setzte sich die Silberkatze in einer majestätischen Pose vor sie hin und sprach: „Immer kerzengerade, Nase und Schwanz senkrecht, Ohren links und rechts".

Durch die Katzenreihe ging ein leichter Ruck. Alle Katzen setzten sich in derselben majestätischen Haltung hin. Lin Shi duckte sich beeindruckt. Jede Katze sah aus, als ob sie jeden Moment wie ein Pfeil losspringen könnte. Doch nichts dergleichen geschah. Nach einer Weile, Lin Shi konnte nicht sagen, wie lange es gedauert hatte, schienen sich alle Katzen auf ein geheimes Zeichen hin wieder zu bewegen. Jede schien eine Aufgabe zu haben, der sie jetzt nachging.

„Lin Shi!", rief die Meisterkatze. „Ja?" Lin Shi wusste nicht recht, wie sie sich verhalten sollte. „Deine Aufgabe für heute ist es, den Hof blitzsauber zu fegen!"
„Aber... ich wollte doch die Kampfkunst lernen!", wagte Lin Shi einzuwenden.

„Kleine Lin Shi, für den Weg der Kampfkunst braucht man Disziplin. Und die lernst du am besten dadurch!" Mit diesen Worten war die Meisterkatze verschwunden.

Den Hof saubermachen! Lin Shi war sauer. Da hätte sie auch daheim bleiben können. Langsam lief sie auf und ab, sammelte trockene Blätter ein und nahm Stöckchen und Steine weg. Zuerst fand sie alles schrecklich anstrengend und mühsam. Aber auf einmal fiel ihr auf, wie schön der Hof eigentlich war und es machte ihr sogar Spaß, dem Hof seine Schönheit wieder zu geben.

„Sehr gut, wie du das machst, Lin Shi!", lobte die Silberkatze, die unvermutet aufgetaucht war. „Das

zu konzentrieren, kann später anderen helfen!", gab die Silberkatze zur Antwort und war verschwunden.

Am nächsten Morgen quälte sich Lin Shi aus dem Bett. Die anderen Katzen waren schon fröhlich aufgestanden. Wie gern wäre Lin Shi noch länger liegengeblieben! Sie war sehr müde. Und da sie eigentlich eine Langschläferin war, war das frühe Aufstehen für sie ganz schön schwierig.

Mit den anderen stellte sie sich in die Reihe. Dann kam die Silberkatze. „Bei allem, was ihr tut, kommt es darauf an, dass ihr voll und ganz bei der Sache seid. Beim Sitzen nur sitzen, beim Sprechen nur sprechen, beim Schnurren nur schnurren, beim Saubermachen nur sauber machen! Das ist die Grundlage von allem."

Lin Shi machte sich voller Widerwillen an ihre Arbeit. Lust hatte sie überhaupt keine. „Wie schön wäre es, jetzt noch im Bett zu lie-

machst du ab jetzt jeden Morgen!"
„Was?", Lin Shi war empört. „Jeden Morgen? Und wann lerne ich die Kampfkunst?"
Die Silberkatze ging gar nicht auf Lin Shis Ärger ein. „Wenn du morgen den Hof saubermachst, dann versuche einmal ganz bei der Sache zu sein. Denk an nichts anderes als an das, was du gerade tust."
„Aber das ist doch langweilig!", widersprach Lin Shi.
„Nur wer gelernt hat, sich richtig

gen!", dachte sie. "Ich will hier doch das Kämpfen lernen, stattdessen putze ich den Hof!", unzufrieden trug Lin Shi ein trockenes Blatt beiseite.

"Kleine Lin Shi!", streng erklang die Stimme der Silberkatze. Lin Shi zuckte zusammen. Die Silberkatze hatte sicher gemerkt, dass sie an alles Mögliche dachte, nur nicht an das, was sie gerade tat.

"Du brauchst nicht zu erschrecken", sagte die Meisterkatze jetzt in einem milderen Ton. "Du musst nur eins verstehen: Man wird nicht von heute auf morgen eine mutige, tapfere, kampfesstarke Wei-San-Katze. Am Anfang ist es wichtig, sich in kleinen Dingen zu üben. Und wenn du schon beim Hof-Saubermachen schlechte Laune bekommst, was meinst du, was passiert, wenn sieben ätzende, aggressive Katzen dir gegenüber sitzen und dich anfauchen?"

"Ich würde zurückfauchen und sie durch Kampfkünste lahm legen!", triumphierend schaute die kleine Katze die Meisterkatze an.

## Sitzen wie ein Berg

"Da haben wir es!", die Meisterkatze sah Lin Shi freundlich an: "Da hast du Wei-San falsch verstanden. Wahre Kampfeskunst zeigt sich nämlich dann, wenn eine Katze ruhig bleiben kann, auch wenn sie angefaucht wird." Es gibt dazu ein kleines Gedicht von einem alten Katzenmeister. Es heißt: 'Du musst sitzen wie ein Berg. Dem Boden fest und sicher angepasst, die Ohren gespitzt, das Katzen-Haupt erhoben wie der schneebedeckte Gipfel.'"

Lin Shi stand jeden Morgen in der Dämmerung mit den anderen auf, machte den Hof sauber und übte dann das Stillsitzen wie ein Berg. Die Meisterin war zufrieden mit Lin Shi. Nach einigen Wochen durfte sie zum ersten Mal nach Hause ihre Geschwister besuchen. Als Lin Shi zu Hause ankam, war gerade Fütterungszeit. Wie immer stürzten sich die Katzen auf den Fressnapf, den Frau Ziao ihnen hinstellte.

ter und strich ihr über den Kopf. Lin Shi, die voller Aufmerksamkeit dasaß, spürte, dass Kim Li die Krallen ausfuhr. Er hatte sie nicht streicheln wollen, sondern kratzen. Schnell duckte sich Lin Shi und die Krallenpfote ging ins Leere.

Wütend geworden schrie Kim Li: „Du bist wohl eine feine Katze geworden? Sind wir dir nicht mehr gut genug?" Die anderen Katzen umstanden sie abweisend.
„Ich wollte euch nur Hallo sagen!", antwortete Lin Shi freundlich und trat ohne Angst aus dem Kreis der Katzen.

Lin Shi schüttelte den Kopf, als sie das Drängeln, Schubsen und Fauchen sah, und dachte an den schneebedeckten Berg, von dem der alte Katzenmeister geschrieben hatte.
Als die Geschwister gefressen hatten und satt waren, merkten sie, dass Lin Shi wieder aufgetaucht war. „Na, unsere Ausreißerschwester ist auch wieder da!", sagte Kim Li, der älteste Bruder der Geschwis-

Doch ihre Geschwister fauchten ärgerlich. Die kleine Lin Shi war plötzlich ziemlich eingebildet geworden, das konnten sie ja wohl nicht durchgehen lassen! Kim Li, ihr ältester Bruder trat ihr in den Weg: „Du bildest dir wohl eine Menge auf dich ein? Was?"
„Nur weil sie eine Weile nicht da war!", fauchte Wan Tau, ihre Schwester, böse und wollte Lin Shi mit ihren Krallen ins Fell. Doch Lin

Shi duckte sich sofort, und auch Wan Taus Schlag ging ins Leere. Nun waren die Geschwister so richtig in Wut geraten und wollten sich auf ihre kleine Schwester stürzen. Doch ohne auch nur eine Sekunde lang eingeschüchtert oder verunsichert zu sein, sprang Lin Shi mit einem kraftvollen Satz einfach zur Seite. Ihre Geschwister prallten aufeinander und lagen dann wie in einem Knäuel über- und untereinander zusammen.

Nacheinander rappelte sich jede Katze wieder auf. Feindselig starrten sie ihre Schwester an. „Was soll das!", fauchte Kim Li. „Willst du dich über uns lustig machen?" Er spannte seine Hinterbeine an und sprang erneut auf seine kleine Schwester zu. Doch noch bevor Kim Lis Pfoten wieder den Boden berührten, war Lin Shi schon ausgewichen. Kim Li stolperte über seine eigenen Beine und blieb jaulend vor Zorn und Schmerz liegen.

„Ich bin wohl bei euch nicht willkommen!", meinte Lin Shi. Sie sah ihre Geschwister traurig an und war mit einigen flinken anmutigen Bewegungen aus dem Katzenhof verschwunden.

Zufrieden schnurrend machte sie sich auf den Weg zurück. Lin Shi freute sich schon darauf, dass sie morgen wieder den Hof sauber machen durfte. Die Meisterkatze würde mit ihr zufrieden sein!

# Beim Sitzen nur sitzen

„Wow!", rief Atissa und sprang auf. „Gibt's das ‚Wei San' auch für Bären?" Dabei stellte sie sich so auf, wie sie dachte, dass eine Wei San Kampfstellung aussehen könnte.

„Ich will auch ‚Wei San' lernen!" Parkito war ebenfalls sofort auf den Beinen und stellte sich Atissa gegenüber auf.

„Ich dachte mir schon, dass die Geschichte euch auf die falsche Fährte lockt", brummte der Große Ark unzufrieden. „Ich hätte besser eine andere Geschichte erzählt!"

„Nein, die war ganz richtig!", rief Atissa begeistert und fuchtelte mit ihren Bärentatzen vor Parkitos Nase herum.

„Jetzt setzt euch gefälligst wieder hin", knurrte Arkita. „Es geht doch ums ‚Nicht ablenken lassen' bei der Geschichte!"

„Ach, Bär, immer sitzen!", nörgelte Atissa und sah Parkito angriffslustig an.

„Na, wird's bald!" Der Große Ark wartete ungeduldig.

Sofort gehorchten Atissa und Parkito. Mit dem Großen Ark wollten sich beide auf keinen Fall anlegen.

„Danke, Arkita, dass du diese beiden Kindsköpfe zurechtgewiesen hast." Der Große Ark sah Atissa und Parkito streng an.

„Wie Arkita sagt: Wir bekommen einen unerschütterlichen Geist, wenn wir gelernt haben, uns ganz auf eine Sache zu konzentrieren und uns von nichts ablenken zu lassen."

„Beim Fegen nur fegen, beim Honig essen nur Honig essen, und was sollen wir tun, wenn wir in der Honigtopfhaltung sitzen?", fragte Urka, die verstanden hatte, was der Große Ark mit der Geschichte ausdrücken wollte.

„Das ist eine sehr gute Frage!", lobte der Große Ark. „Was meint ihr: was soll man tun, wenn man in der Honigtopfhaltung sitzt?"

„Beim Sitzen nur Sitzen!", rief Atissa ohne zu zögern.

„Das wollen wir doch gleich mal aus-

probieren!" Der Große Ark nahm die Honigtopfhaltung ein.
„So! Fünf Minuten lang!" Er saß bewegungslos da, die anderen Bären taten es ihm nach.
Doch schon nach einer halben Minute streckte Urka ihr Hinterbein aus. Es war eingeschlafen. Parko wackelte mit den Ohren, Arkita begann nach drei Minuten leise zu schnarchen und nach vier Minuten kratzte sich Atissa am Rücken, weil es sie so fürchterlich juckte. Nach viereinhalb Minuten stand Parkito auf, weil ihm der Hintern wehtat. Nach fünf Minuten löste sich der Große Ark aus seiner Bewegungslosigkeit. „Na, Bären, wie war es?"
„Anstrengend!", brummte Parko.
„Oh, ich bin eingeschlafen!" Arkita

### Beim Sitzen nur sitzen

Wenn wir **Einsgerichtetsein und Achtsamkeit beim Meditieren** üben, ist dies nicht so einfach, wie es vielleicht aussieht. Denn selbst wenn man den Atem als Konzentrationshilfe nimmt, lässt sich unser Geist dennoch liebend gern und leicht ablenken. Er ist es nämlich einfach seit ewigen Zeiten gewohnt, umherzuschweifen und von einer Idee zur anschämte sich. Sie war doch die älteste Schülerin des Großen Ark. Das hätte ihr nicht passieren dürfen.
„Und bei euch?" Der Große Ark wandte sich Atissa und Parkito zu.
„Ähm" Atissa war es peinlich. „Ich hatte 1000 und noch mehr Gedanken im Kopf. Kaum war einer vorbei, kam auch schon der nächste. Beim Sitzen nur Sitzen ging bei mir nicht. Ich war dauernd abgelenkt."

„Bei mir war es genauso!", pflichtete Parkito Atissa bei. „In meinem Kopf war das reinste Bärenkino. Es ging meistens um Bärenkampfkunst."
„Soso, um Bärenkampfkunst", sagte der Große Ark. „Es ist also nicht so einfach, seinen Geist ganz bei einer Sache zu halten, oder?"
„Ich glaube, es ist sogar unmöglich!", meinte Atissa vorlaut wie immer.
„Es ist nicht unmöglich, man braucht nur Hilfsmittel", erklärte der Große Ark.
„Was für Hilfsmittel denn?" Neugierig beugte sich Arkita vor.
„Seinen Atem zum Beispiel!", sagte der Große Ark.

Den Atem als Hilfsmittel? Wie soll denn das gehen?" Keiner der Bären konnte sich da etwas vorstellen.
„Ihr konzentriert euch auf den Atem. Ihr spürt, wie er zu eurer Schnauzenspitze herausgeht und dann zählt ihr eins, wenn er das nächste Mal wieder herausgeht, zählt ihr zwei und so weiter. Bis 21 zählt ihr, und dann wieder von vorne."
„Und das soll alles sein?" Parko kam das zu einfach vor.

„Ich schlage vor, wir versuchen es!" Der Große Ark setze sich wieder in der Honigtopfhaltung hin, die anderen Bären taten es ihm nach. Jeder versuchte jetzt, seinen Geist auf seinem Atem zu halten und nicht abschweifen zu lassen.

Nachdem der Große Ark still 21 Mal seinen Atem gezählt hatte, fragte er: „Bären, wie ist es euch gelungen?"
„Bei vier war ich schon wieder bei der Bärenkampfkunst", berichtete Parkito kleinlaut. „Ich habe es auch nur bis zehn geschafft, dann wusste ich nicht mehr ob ich schon bei 12 oder erst bei 9 war", meinte Atissa.
„Ich wurde bei fünf schon wieder so schläfrig, dass ich fast eingeschlafen bin", meinte Arkita zerknirscht.
„Bei mir war auch bei 6 schon Ende. Dann habe ich ans Fressen gedacht", Parko schleckte sich mit der Zunge übers Maul.
„Tja, ihr seht. Da müsst ihr noch viel üben!"
„Bekommen wir jetzt die nächste Geschichte erzählt?", fragte Atissa und sah den Großen Ark gespannt an.

„Wenn ihr beim Zuhören nur zuhört?"
„Wir werden es versuchen!", rief Atissa und setze sich gleich wieder in der Honigtopfhaltung hin. Die anderen hatten zwar keine Lust, in dieser Haltung zuzuhören, sie hätten sich viel lieber bequem auf den Boden gelegt. Aber sie wollten zeigen, dass es auch ihnen ernst war, mit der Übung, sich nicht ablenken zu lassen.

Der Große Ark schmunzelte. „Nun kommt meine Lieblingsgeschichte!"
Die Bären spitzten die Ohren.
„Diese Geschichte hat uns vor vielen Jahren eine Möwe erzählt. Es ist die gleiche Möwe, die in der Geschichte vorkommt. Ihr ist es nämlich gelungen, das, was Meister Ping ihr erklärt hat, zu üben. Sie ist eine Meisterin darin geworden."

Atissa würde am liebsten fragen, wer Meister Ping ist, doch im letzten Moment beherrscht sie sich. Sie wollte ja zuhören und nichts anderes tun, als zuzuhören.

---

deren zu springen, von einer Erinnerung an schöne Zeiten weiter zu gehen zu einer Erinnerung an schlechte Zeiten, dann macht er einen Abstecher in die Zukunft und dann merkt er, dass er vergessen hat, auf den Atem zu achten und ihn zu zählen.

Deshalb gibt es eine Fülle von Hilfsmitteln, die dazu dienen, den unsteten Geist an die Leine zu nehmen. Dazu gehören neben dem Atem das sich Stützen auf ein sichtbares Etwas, das vor uns liegt. Das kann ein Stein sein, eine Buddhastatue oder eine Blume. Man kann sich auf innere Bilder konzentrieren, wie es der tibetische Buddhismus liebt, zum Beispiel ein inneres geistige Bild von einem blauen, roten oder goldenen Buddha, einer Tara oder einem Chenresig. Das kann sogar ein Klang sein, an dem wir unseren Geist festhalten. Ein Mantra zum Beispiel oder auch der Hintergrundlärm der Straße, an der wir wohnen. Hierbei müssen wir dann Erfahrungen sammeln, den Geist entspannt zu halten, aber nicht zu entspannt, sonst schlafen wir ein. Und auch nicht zu hart konzentriert sein, dann bekommen wir nämlich Kopfweh. Dabei hilft uns die Körperhaltung des Aufrecht-Sitzens mit geradem, aber dennoch entspanntem Rücken.

### Weisheit

Bei Mister Ping und der kleinen Möwe geht es um das Paramita der „Weisheit". **Weisheit ist die Fähigkeit zu erkennen, dass wir so gut wie immer nur Projektionen hinterher jagen, und kaum in der Lage sind, eine Sache, eine Situation, einen Menschen so zu erfassen, wie es der Gesamtheit der Wirklichkeit entsprechen würde.** Weder erkennen wir, dass alle Dinge und Geschehnisse Momentaufnahmen komplexer Zusammenspiele sind, die sich jetzt gerade so und so darbieten und sich im nächsten und übernächsten schon wieder ändern. Noch durchschauen wir, dass das, was wir für wirklich objektiv vor unserer Nase sich befindend halten, so wirklich gar nicht ist. Wir müssen nur einmal die Naturwissenschaft zu Hilfe nehmen, und das Buch, das wir in Händen halten, unter dem Elektronenmikroskop betrachten. Es wird sich nicht unterscheiden von dem Tisch, auf dem es liegt. Gehen wir auf noch größere Vergrößerungsebenen, dann werden die Zellen unseres Körpers nicht von denen unseres größten Feindes zu unterscheiden sein.

# Meister Ping, der alte weise Pinguin

Auf einer großen Insel am Südpol lebte auf blankem, bläulich glänzendem Eis Meister Ping, ein alter Pinguin. Am wohlsten fühlte er sich, wenn alle anderen Pinguine im Meer abgetaucht und weit von der Insel weggezogen waren, um den Winter in anderen Gegenden zu verbringen. Wenn er allein mit sich, der Eisinsel, dem Wind und dem Himmel sein konnte, dann war er glücklich.

Früher, als er noch jung war, da war er auch gern durch die eisigen Fluten getaucht, war mit den Walfamilien im Winter weit weggeschwommen, hatte Fische gefangen und die Eisinseln von unter Wasser aus besichtigt.

Doch seit er alt geworden war, wollte er diese Anstrengungen nicht mehr auf sich nehmen. Er genoss es vielmehr allein zu sein und dem ständigen Wehen des Windes zu lauschen, der ab und zu auch mal Schnee brachte. In Ruhe konnte er so seine Gedanken ordnen, die er sich über das Leben, die Welt, den Tod und die Sterne machte.

In besonders klaren Nächten, von denen es am Südpol viele gibt, tat Meister Ping kein Auge zu. Er stand voller Staunen unter dem Firmament, das sich wie eine riesengroße Kuppel über den Südpol zu wölben schien, und betrachtete die Sterne. Manche schienen so groß zu sein wie Seesterne und sie blinkten so hell wie Sonnenstrahlen, die auf Schneefelder fallen. Andere Sterne wiederum waren winzig klein. Wie Staubkörnchen sahen sie aus und leuchteten nur ganz schwach.

„Wie seltsam und wunderbar zugleich doch die Welt ist!", dachte Meister Ping in solchen Nächten und war auf eine stille Art glücklich. Es war ein Glück, das im Herzen entstand und sich dann ausbreitete. Ein solches, das einem ein Lächeln um den Mund zauberte, das man fühlen konnte, so richtig tief in sich fühlen.

An eine Nacht vor vielen Jahren erinnerte sich Meister Ping noch so, als ob er sie gestern erlebt hätte: Es war wieder eine dieser wunderbar klaren Nächte gewesen. Meister Ping stand auf dem Eis und blickte voller Ehrfurcht zum Himmel. Der Mond lag wie eine feine Sichel am Horizont und schien zu schlafen. Obwohl die Sonne schon lange untergegangen war, umspielten ihre Strahlen immer noch den Mond. Es sah aus, als läge er unter einer weichen rosa Decke.

Plötzlich fielen unvermutet hunderte und aberhunderte Sternschnuppen vom Himmel. Meister Ping kam es vor, als ob sie alle vor seinen Füßen auf den Boden gefallen wären, und er sie nur einzusammeln brauchte. Sie huschten so silberhell über das Firmament, dass Meister Ping Tränen vor Glück in die Augen traten.

Als er am nächsten Tag über das Eis watschelte, sah er plötzlich hinter einer scharfen, schroffen Eisscholle etwas liegen. „Das

Oder im Fall von Gefühlen: Wen wir jetzt lieben und heiraten, von dem lassen wir uns vielleicht in drei Jahren wieder scheiden und hassen ihn. Auf wen wir momentan wütend sind, der entpuppt sich bei einem Verkehrsunfall als unser Lebensretter. Die Fähigkeit zur Weisheit wird erlangt, wenn wir über lange Zeit hin einen stabilen, unerschütterlichen Geist trainiert haben, der sich nicht mehr so leicht durch die flüchtige Kommentare unserer spontanen Meinungen beeindrucken und manipulieren lässt.

wird doch wohl keine Sternschnuppe sein", ging es Meister Ping durch den Kopf und er beeilte sich, dort hinzukommen.

## Eine kleine Möwe

Als er vor der Eisscholle stand und sich bückte, sah er, dass es eine kleine Möwe war, die sich zitternd dahinter versteckt hielt.

„Kleine Möwe! Was tust du denn hier so allein?" Meister Ping war überrascht. Denn um diese Jahreszeit hielten sich so weit im Süden keine Möwen mehr auf.
„Ich, ich, ich", stotterte die kleine Möwe und sah ihn aus angstvoll aufgerissenen Augen an.
„Ich tu dir nichts, kleine Möwe, keine Angst!", beruhigte sie Meister Ping und hielt seine beiden kleinen Flügelflossen weit von sich, um zu zeigen, dass er sie nicht packen würde.

„Ich, äh, ich kann nicht fliegen!", brachte die kleine Möwe endlich heraus.
„Oh!", erschrocken sah der alte Pinguin sie an. „Bist du verletzt?"
„Nein", die kleine Möwe schüttelte den Kopf.
„So? Was ist dann?", fragte Meister Ping behutsam weiter. „Bist du zu schwach oder zu hungrig?"
„Nein, auch nicht!", die kleine Möwe hatte auf einmal Tränen in den Augen.
„Ich, ich habe Angst vor den Wolken!", stieß sie schließlich hervor und weinte. „Ich habe sogar Angst, überhaupt zu fliegen!", schluchzte die kleine Möwe.

„Kleine Möwe! Nicht doch, nicht doch!" Der alte Pinguin bückte sich, hob die kleine Möwe auf und setzte sie sich auf die Schulter.
„Warum hast du Angst vor den Wol-

ken?", fragte er und richtete seine Augen zum Himmel. Tatsächlich ballten sich dort dicke, weiße Haufenwolken zusammen. Mit etwas Fantasie konnte man sich gut vorstellen, dass sie wie ein Wal aussahen oder wie ein Berg oder ..., Meister Ping hörte auf, seine Gedanken weiter zu verfolgen. Er wollte doch lieber die Angst der kleinen Möwe kennen lernen.

„Ich habe Angst, dass ich mit ihnen zusammenstoßen könnte! Oder dass ich ihnen nicht ausweichen kann, wenn sie auf mich zukommen!", jammerte die kleine Möwe mit kläglicher Stimme.
„An so etwas denkst du?", Meister Ping runzelte die Stirn.
„Manchmal habe ich Angst, dass die Wolken mich auffressen, besonders wenn sie aussehen wie Haie oder noch schlimmer, wenn sie aussehen wie Drachen!", fügte die kleine Möwe mit Nachdruck hinzu.
„Hm", der alte Pinguin dachte eine Weile nach.
„Weißt du was, kleine Möwe, ich freue mich, dass ich dich hier gefunden habe. Vielleicht kann ich dir ja helfen."
„Wirklich?", die kleine Möwe strahlte ihn an.
„Ja, kleine Möwe, natürlich!"

Von da an verbrachten sie jeden Tag zusammen. Die kleine Möwe saß die meiste Zeit auf der Schulter von Meister Ping und manchmal sogar auf seinem Kopf.

Irgendwann spürte der alte Pinguin, dass die kleine Möwe nicht mehr ganz so viel Angst hatte. Er bat sie jetzt ab und zu, für ihn einen kleinen Erkundungsflug zu tun. „Kleine Möwe, du weißt, ich sehe nicht mehr gut. Kannst du nicht mal schnell auf den Eisberg fliegen und nachschauen, ob die anderen Pinguine schon kommen?", fragte Meister Ping, obwohl er wusste, dass es noch eine lange Weile dauern würde bis zu ihrer Rückkehr.

Die kleine Möwe ließ sich nicht zwei Mal bitten. Sie erhob sich in die Luft, flatterte zum Eisberg und sah nach.

---

Das ununterbrochene Kommentieren, ob wir etwas gut oder nicht so gut, angenehm, unangenehm oder grauenhaft finden, ob wir etwas haben wollen oder nicht, ist es, was uns aus unserer Zentriertheit bringt. Wir bilden uns sofort Meinungen, haben Sympathien oder Antipathien, kommentieren innerlich jede Situation oder Person und sind sehr bald nur noch in eine von uns selbst erschaffenen „Sekundärsituation" verstrickt, die Unmittelbarkeit direkten Erlebens und Erfahrens ist damit längst verloren gegangen. Wir reagieren nicht mehr auf die Situation, sondern auf unsere Kommentare.

Bis hoch zu den Wolken flog sie dabei freilich nicht.

## Wolken am Himmel

Eines Tages war strahlend blaues Wetter. Kein Wölkchen trübte den Himmel und Meister Ping fragte die kleine Möwe, ob sie heute nicht einmal so richtig nach Herzenslust hoch fliegen wollte.
„Meinen Sie, ich soll es versuchen?", zögernd trippelte die Möwe von einem Bein aufs andere.
„Ich denke schon. Du brauchst ja nicht lange zu fliegen, nur kurz!"
Die kleine Möwe schlug wild mit ihren Flügeln, als ob sie ihre Ängstlichkeit vertreiben wollte und stieg hoch in den Himmel. Sie zog Runde um Runde und kehrte lange Zeit später wieder auf die Schulter von Meister Ping zurück.

„Na, wie war es?", fragte der alte Pinguin.
„Gut!", antwortete die kleine Möwe, „aber da waren ja auch keine Wolken!"

Der alte Pinguin hielt jetzt die Zeit für gekommen, mit der kleinen Möwe über ihre Angst vor den Wolken zu sprechen. „Wolken sind doch wie der Himmel, kleine Möwe! Ob da Wolken sind oder ob da keine Wolken sind, es ist immer der gleiche Himmel."
Die Möwe sah ihn fragend an.

„Aber was ist mit den Drachenwolken, den Haiwolken und den Bärenwolken?"
„Die entstehen nur in deiner Fantasie, kleine Möwe. Das ist doch genauso, wie wenn ich plötzlich beim Morgenrot Angst davor hätte, mir die Füße zu verbrennen, weil ich mir einbilden würde, das Eis glüht vor Hitze!"
„Hihihi", die kleine Möwe kicherte. „Sich die Füße auf dem Eis verbrennen, nur weil die aufgehende Sonne durch das Morgenrot es rot färbt, das ist ja lustig!"
„Mit den Wolken ist es aber genau das Gleiche, kleine Möwe!", sagte der alte Pinguin ernst.
„Ob das Eis im Morgenrot glüht oder ob der Wind aus den Wolken eine Hai Gestalt formt – dass du dir das vorstellst und Angst davor

Wie die kleine Möwe erst einmal erkennen musste, dass die gefährlichen Tiere im Himmel nur ihrer Fantasie entsprangen, so müssen wir durchschauen, wie unbemerkt wir sofort Situationen und Personen unseren Meinungs- beziehungsweise Befindlichkeitsstempel aufdrücken. Sobald uns das bewusst geworden ist, können wir beginnen, uns mehr und mehr der Wirklichkeit anzunähern, wie sie wirklich ist. Das ist mit „Illusion", oder mit „Wahn" im Buddhismus gemeint, diese ununterbrochene Färbung und Verschleierung der Wirklichkeit, mit der uns unser Geist im Grunde genommen an der Nase herumführt. So lange wir darauf reinfallen, sind wir noch nicht auf dem Weg zu erwachen, sondern befinden uns in Samsara, der Welt des Scheins, des ununterbrochenen Kreislaufes von Wiedergeburt zu Wiedergeburt.

schöne oder harmlose Tiere vor!" Die kleine Möwe hüpfte vor Begeisterung auf und ab.

„Du hast es erfasst! Bravo, kleine Möwe!" Anerkennend senkte der alte Pinguin den Kopf.
„Juchu, juchu, ich brauche keine Angst mehr vor den Wolken zu haben!", jubelte die kleine Möwe und stieg hoch hinauf in den Himmel. Inzwischen hatten sich große dunkle Wolken zusammengeballt, es würde bald schneien. Außerdem wehte ein heftiger Wind.
Besorgt schaute Meister Ping nach oben. Hoffentlich würde der kleinen Möwe nichts passieren.

hast, entsteht nur in deiner Einbildung!" Der alte Pinguin tippte mit seinem Flossenflügel der Möwe an ihren Kopf.

„Mit viel Angst und Fantasie stelle ich mir die schlimmsten und gefährlichsten Tiere vor. Mit wenig Fantasie keine. Und mit Fantasie ohne Angst stelle ich mir

Mit den ersten Schneeflocken kam auch die kleine Möwe wieder von ihrem Flug zurück. Erleichtert atmete Meister Ping auf. „Na, wie war's?", fragte er sie freundlich. „Gut!", die kleine Möwe lachte. „Schwarz und groß waren die Wolken, aber ich habe sie einfach nur als Himmel gesehen und den Wind gespürt und mir keine Fantasiegestalten vorgestellt und bin mittendurch geflogen!" Die kleine Möwe strahlte. „Das hat vielleicht Spaß gemacht!" Glücklich setzte sie sich auf die Schulter des alten Pinguins und schaute mit ihm zusammen den Schneeflocken zu, die jetzt wie weiße Federn vom Himmel fielen.

Als im nächsten Jahr die Pinguine zurückkehrten, kamen auch die Möwen mit. Die kleine Möwe schloss sich ihnen an. Jedes Jahr aber, wenn die Möwen mit den Pinguinen wegzogen, blieb die kleine Möwe da. Meistens saß sie dann Meister Ping auf der Schulter und manchmal auch auf seinem Kopf. Und in den sternenklaren Nächten, von denen es viele am Südpol gibt, standen die beiden unter der großen Kuppel des Firmaments und betrachteten zusammen die Sterne. Und wenn eine oder mehrere Sternschnuppen vom Himmel fielen, dann sahen sie einander an und lächelten.

# Wer wird Nachfolger des Großen Ark?

„Das war aber eine ganz besonders schöne Geschichte!" Arkitas Augen strahlten wie sonnenbeschienene Schneeflocken.

„Und die Möwe, die das erlebt hat, hat ihre eigene Geschichte auf der Versammlung erzählt?" Parko staunte.

Der Große Ark nickte. „Die kleine Möwe war mit der Zeit eine große weise Möwe geworden. Das Möwenvolk schickte sie als ihre Vertreterin zu den Versammlungen."

„Und sie hat nie mehr vor eingebildeten Tieren in den Wolken Angst gehabt?", Atissa löste sich aus der Honigtopfhaltung und streckte sich. „Sollen wir aus der Geschichte lernen, dass wir uns ziemlich viel nur einbilden und dann so tun, als sei die Einbildung Wirklichkeit?"

„Hm", der Große Ark dachte nach.

„So ungefähr kann man es ausdrücken."

„Ich habe das nicht verstanden", meldete sich jetzt Parkito. „Kann man das auch irgendwie anders ausdrücken?"

Der Große Ark schaute in den Himmel, an dem sich die Wolken zu Haufen ballten. Dann betrachtete er den alten Baum, unter dem er saß. Lange schwieg er und sagte gar nichts. Schließlich erklärte er: „Es geht dabei darum, klar zu erkennen, was eigentlich los ist. Wenn du irgendwo einen Schrei hörst, weißt du noch lange nicht, warum jemand schreit. Du könntest dir einbilden, jemand wird geschlagen. Am besten ist, du gehst hin und schaust nach."

„Wie bei der kleinen Möwe", antwortete Parkito. „Sie hat auch nicht nachgeschaut, ob da wirklich Haifische am Himmel sind, aber Angst vor ihnen gehabt. Dabei war es nur eine Einbildung. Es waren ja nur Wolken."

„Genau so ist es!" Der Große Ark war zufrieden.

> **Mitgefühl und Weisheit werden im Buddhismus als die beiden Flügel bezeichnet, mit denen man zur Erleuchtung fliegen kann.** Weisheit ist nötig, um zu verstehen, um was es wirklich geht, und Mitgefühl ist nötig, um mit wachem Herzen aktiv in der Welt das zu tun, was uns selbst und anderen wirklich nützt und hilft.

"Und wer wird jetzt dein Nachfolger?", fragte Atissa so naseweis und vorlaut wie immer.
"Das werde ich euch bald sagen können. Es wird noch eine Prüfung geben, und dann..."

In diesem Moment löste sich krachend ein morscher Ast vom Stamm des Baumes, unter dem der Große Ark saß. Er brach herunter und traf den alten Bären genau auf dem Kopf. Der Große Ark brach zusammen und blieb unbeweglich liegen.

„Hilfe, der Große Ark ist von einem Ast erschlagen worden!" Parko sprang auf und eilte zur Unglücksstelle.
„Nein, das darf nicht sein!" Arkita stürzten Tränen aus den Augen. Sie bekam einen schrecklichen Heulkrampf. „Der Große Ark ist tot!", schrie sie, „Der Große Ark ist tot!"
Sie heulte herzzerreißend.

Und jetzt wissen wir nicht, wer sein Nachfolger wird!", schimpfte Parkito. „So ein Mist aber auch!" Er sprang wütend auf und versetzte dem morschen Ast, der neben dem Großen Ark lag, einen Tritt.
Parko stand verzweifelt vor dem Großen Ark, der mit geschlossenen Augen am Boden lag. „Wir müssen den Medizinbären rufen! Vielleicht kann er noch helfen!", rief er und rannte davon.

Einzig Atissa war sitzen geblieben. Sie, die doch sonst immer eine große Klappe hatte, schwieg und setzte sich jetzt sogar in der Honigtopfhaltung hin. „Atissa, du kannst doch jetzt nicht einfach nichts tun!", empörte sich Urka und ging auf den Großen Ark zu, der nach wie vor bewegungslos am Boden lag. Da sie nicht wusste,

was sie tun sollte, lief sie im Kreis um ihn herum. Jedes Mal wenn sie an Atissa vorbeikam, versetze sie ihr einen Stups. „Tu doch irgendwas!", schimpfte sie dabei. „Rumrennen nützt nichts, rumheulen nützt nichts, Wütendsein nützt nichts. Ich versuche meinen Geist ganz zu beruhigen, dann fällt mir bestimmt ein, was das Richtige zu tun ist."
„So ein Blödsinn!", schimpfte Parkito. „Das Einzig Richtige tut Parko, er holt nämlich den Medizinbären!"

In dem Moment schlug der Große Ark seine Augen auf und tastete nach seinem Kopf. „Hm, hm, hm, was ist denn mit mir passiert?", brummte er und sah sich um.

„Der Große Ark lebt!", jubelten die Bären und tanzten um ihn herum. Alle, bis auf Atissa, die immer noch in der Honigtopfhaltung dasaß, hüpften vor Freude auf und ab.

Der Große Ark erhob sich und klopfte sich den Sand aus dem Fell. „So, die Prüfung ist beendet", schmunzelte er, und nun war allen klar, dass er seinen „Tod" nur gespielt hatte. Erleichtert atmeten sie auf.

„Wenn Parko zurückkommt, werde

ich meine Nachfolger bestimmen.", meinte der Große Ark und sah ernsthaft von einem Bär zum anderen.

„Mehrere?", fragte Arkita, die sich jetzt mit ihrem großen Taschentuch die Schnauze putzte.

„Hast du gewusst, dass der Ast herunterbrechen wird?", fragte Atissa neugierig. Sie streckte sich und löste sich aus der Honigtopfhaltung.

Der Große Ark nickte. „Ich musste euch herausfordern. Und ein scheinbarer Tod ist doch wirklich eine große Herausforderung, oder?"

„Das kann man wohl sagen!", meinte Urka und kratzte sich hinter dem Ohr. „So gut fand ich die Idee nicht, muss ich sagen. Ich habe einen fürchterlichen Schreck bekommen und gedacht, dass dir wirklich etwas ganz Schlimmes passiert ist."

Zwei Bären näherten sich der Stelle, wo die anderen saßen. Es waren Parko und der Medizinbär. „Juchu! Er lebt!", freute sich der Medizinbär. „Ich hatte schon Angst, du wärst tatsächlich gestorben", sagte er zum Großen Ark.

Der Große Ark schmunzelte. „Ich brauchte eine Prüfung, um festzustellen, wer mein Nachfolger wird. Gut, dass du da bist. Du bist mein Zeuge dafür, dass ich zwei Nachfolger wähle: Atissa, weil sie Ruhe bewahrt und ihren Geist beobachtet hat, und Parko, weil er ohne zu zögern Hilfe geholt hat."

„Eine kluge Wahl!", antwortete der Medizinbär und gratulierte den beiden Nachfolgern des Großen Ark zu der Ehre. Atissa und Parko sahen sich verblüfft an: Damit hatten sie nicht gerechnet.

Die anderen Bären klatschten begeistert Beifall. Sie waren sehr froh zu wissen, dass es solche fähigen Bären wie Atissa und Parko in ihren Reihen gab. Wie gut, dass der Große Ark noch nicht gestorben war. So konnte er ihnen noch eine Weile als Lehrer beistehen. Denn dass sie alle noch viel zu lernen hatten, das war ihnen inzwischen sehr klar geworden.

Die Geschichte stammt aus der Feder der Kinder- und Jugendbuchautorin **Andrea Liebers**. Sie lebt und arbeitet in Heidelberg und liebt es, spannende, turbulente und abenteuerlustige Geschichten zu schreiben. Sie ist auch Trainerin in Kreativem Schreiben und gibt Workshops für Kinder, die einen bärenstarken Geist trainieren wollen – siehe www.bärenstarker-geist.de und www.andrea-liebers.de

Die Illustrationen stammen von **Collins A. Mdachi**, er lebt in Tansania, studierte Illustration und Buchdesign in Halle (D) und Dundee (UK), seine farbenfrohen Bilder sind voll von der Vitalität und Lebenslust Afrikas.

# Bärenstarke Hörbücher

Vertrauen, innere Stärke, Hilfsbereitschaft, Geduld, Konzentrationsfähigkeit, Gerechtigkeitssinn – alles Eigenschaften, die zu erwerben oder zu stärken für Kinder enorm wichtig sind. Wie kann man sie lernen? Durch Nachahmen! Entweder schaut man es sich von lebenden Vorbildern (Eltern, Lehrern) ab oder man hat Vorbilder in einem imaginierten Raum. Dazu sind die bärenstarken Hörbücher da. In ihnen werden Geschichten erzählt, die Kinder spielerisch, fantasievoll, lustig und ernst in die Welt einführen, in der es vor allem darum geht, sein Herz am rechten Fleck zu haben und durch gute Taten Stärke zu beweisen.

**„Ein bärenstarker Geist"** gibt es auch als Hörbuch!

Für alle, die die besten Geschichten, die der Große Ark auf den Tierversammlungen gehört hat, nicht nur lesen sondern hören wollen. Ein Hörgenuss, für Bären und für Menschenkinder.
3 CDs, 180 min, € 24,–

## Hörbücher bestellen

**D:** Fon +49 (0) 62 21-88 95 50
oder
autorin@andrea-liebers.de

**A:** Fon +43 (0)2634-7417
Fax +43 (0)2634-74174
oder info@sequoyah-verlag.at

**Hallo Kinder**, wenn ihr euch für den Buddha und seine Lehre, den Buddhismus, interessiert, könnt ihr im Internet die folgende website besuchen: www.buddhakids.de. Darin findet ihr Interviews, witzige Geschichten, Erklärungen dazu, wer der Buddha ist, was er gelehrt hat, was Meditation bedeutet, wie man meditiert und vieles mehr.

Für Teenager gibt es die www.buddhateens.de, darin geht es um die Grundlagen der buddhistischen Lehre, es wird aber auch erklärt, was Karma ist, warum Buddhisten an die Wiedergeburt glauben, warum Meditieren eine zentralen Stellenwert besitzt, was für eine Einstellung der Buddhismus zur Sexualität hat, und vieles Interessantes mehr.

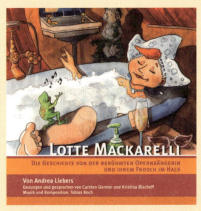

„Verloren im Schneeland" ist eine herrliche Abenteuergeschichte, die von einem kleinen Yeti handelt, der während eines Schneesturms seine Mutter verloren hat. In ihr geht es um Mut, Beharrlichkeit, den Glauben ans Gute und die Kraft es auch zu tun, und eine wunderbare Freundschaft. Für alle, die Tibet, Schnee und Yetis lieben.
**2 CDs, 150 min, € 22,–**

In „Die kleine Welle und andere Geschichten vom Wasser" ist die Hauptperson eine kleine Welle, die – unglaublich aber wahr – Angst vor dem Ozean hat. Wie sie die überwindet und Vertrauen lernt erfahrt ihr dort.
**1 CD, 45 min, € 12,80**

In „Die Geschichte der berühmten Opernsängerin Lotte Mackarelli" geht es um Geld oder Liebe. Mit großen Gefühlen, viel Musik und einen witzigen Frosch im Hals, und natürlich Gesang, der zum Mitträllern einlädt.
**1 CD, 45 min, € 12,80**

In „Der Frosch und sein Teich" wird die Geschichte eines Frosches erzählt, der noch niemals etwas anderes gesehen hat als seinen kleinen, schönen, beschaulichen Tümpel. Was passiert, wenn man in seiner eigenen kleinen engen Welt gefangen bleibt und Angst vor allem Neuen hat, wird in dieser Geschichte erzählt. Mit viel Froschgesängen und toller Musik!
**1 CD, 55 min, € 12,80**

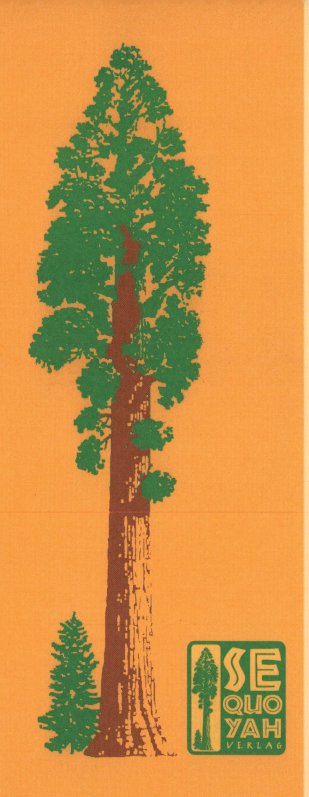

Edition Mandarava
im Sequoyah Verlag

„Verlagshaus zum Wohle aller fühlenden Wesen"

**Damit die Bäume wieder in den Himmel wachsen ...**